Sprachfuchs II.

Sprachbuch für Klasse 2

Hessen

von
Gisela Everling
Franz Gauggel
Heinz Kauffeldt
Klaus Lindner
Brigitte Sowodniok
Sabine Trautmann
Karl Wolfgang Walther

Grafische Gestaltung:
Helga Merkle

Ernst Klett Grundschulverlag
Leipzig Stuttgart Düsseldorf

Sprachfuchs II.
Sprachbuch für Klasse 2
mit Vereinfachter Ausgangsschrift
Hessen

von Gisela Everling, Franz Gauggel,
Heinz Kauffeldt, Klaus Lindner, Brigitte Sowodniok,
Sabine Trautmann, Karl Wolfgang Walther

unter Mitarbeit von:
Karl Ehrmann, Herbert Endler, Bernd Merkle,
Jutta Penka, Martina Schramm, Christine Thirase-Nitzschke, Sylke-Maria Pohl, Irmgard Wespel

 Zusatzaufgabe

 Merksatz

Zum Unterrichtswerk „Sprachfuchs II.",
Hessen, gehören:

	Klett-Nr.
2. Schuljahr	
Sprachbuch LA	242222
Sprachbuch VA	242223
Rechtschreibfuchs LA	242224
Rechtschreibfuchs VA	242225
Übungen zur Sprachförderung LA	242226
Übungen zur Sprachförderung VA	242228
Lehrerband	211229
3. Schuljahr	
Sprachbuch LA	242322
Sprachbuch VA	242323
Rechtschreibfuchs LA	242324
Rechtschreibfuchs VA	242325
Übungen zur Sprachförderung LA	242326
Übungen zur Sprachförderung VA	242328
Lehrerband	211329
4. Schuljahr	
Sprachbuch (Druckschrift)	242421
Rechtschreibfuchs LA	242424
Rechtschreibfuchs VA	242425
Übungen zur Sprachförderung LA	242426
Übungen zur Sprachförderung VA	242428
Lehrerband	211429
Handpuppe Fuchs	211308

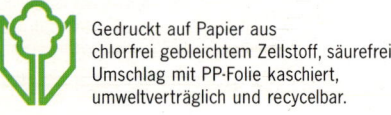
Gedruckt auf Papier aus chlorfrei gebleichtem Zellstoff, säurefrei. Umschlag mit PP-Folie kaschiert, umweltverträglich und recycelbar.

Grafische Gestaltung: Helga Merkle
Fotos: Christine Leininger: 24, 28, 34, 36, 55, 56, 67
Bernd Merkle: 36
Sabine Tischer: 78
Thomas Zörlein: 91
Fuchsgrafiken: Rolf Bunse
Weitere grafische Elemente: Marietta Heymann

Quellenhinweise
S. 11 Rätsel (Volksgut). **S. 39** Manfred Mai: Und noch ... Aus: Manfred Mai, Leselöwen-Weihnachtsgedichte. Loewes, Bindlach 1990. **S. 42** Hans Manz: Kinder. Aus: Worte kann man drehen. Beltz Verlag, Weinheim/Basel 1974. **S. 65** Alfons Schweiggert: Bald. Aus: Kindergedichte rund ums Jahr. Falken-Bücherei Nr. 1040. **S. 69** Vom dicken, fetten Pfannkuchen. Nach Brüder Grimm. Originalbeitrag. Aus: Der Sprachfuchs, Übungsbuch für das 2. Schuljahr. Ernst Klett Verlage GmbH u. Co. KG, Stuttgart 1985. **S. 76/77** Gina Ruck-Pauquèt: Der kleine Stationsvorsteher und der Zug (gekürzt). Aus: Gina Ruck-Pauquèt, Sandmännchen erzählt von seinen kleinen Freunden. Ravensburger Taschenbücher Bd. 71. Otto Maier Verlag, Ravensburg 1969. **S. 78** In der Zirkusschule. Nach Sabine Tischer. Aus: Kinderzeitschrift Teddy, Nr. 9. J. F. Schreiber, Esslingen 1992. **S. 81** Brigitte Wächter: Fastnacht der Tiere. Aus: Der Lesespiegel 1. Ernst Klett, Nach einer Fabel von Äsop. Originalbeitrag. **S. 92** Hans Jürgen Press: Futter für die Waldtiere. Aus: – Hans Jürgen Press, JAKOBS ABENTEUER – Comics vom kleinen Herrn Jakob. Ravensburger Buchverlag Otto Maier, Ravensburg 1992. **S. 93** Rolf Krenzer, Ludger Edelkötter: Mitten in der Nacht. Aus: Rolf Krenzer, Ludger Edelkötter, Kinderlieder – Krippenspiele. – IMPULSE-Musikverlag, 1985. **S. 96** Josef Guggenmos: Das Eselchen. Aus: Josef Guggenmos, Das kunterbunte Kinderbuch. Herder, Freiburg o. J. **S. 96** Josef Guggenmos: Weihnacht. A.a.O. **S. 104** Ruth Ruzicka. August oder August. Aus: Die bunte Kinderschaukel, hrsg. von Inge Lustig u. Ruth Ruzicka. Betz, München 1978.

Alle übrigen Texte in „Sprachfuchs II.", Sprachbuch für Klasse 2, sind Originalbeiträge.

1. Auflage 1 5 4 3 2 1 | 2001 00 99 98 97

Dieses Werk folgt der reformierten Rechtschreibung und Zeichensetzung.
Alle Drucke dieser Auflage können im Unterricht nebeneinander benutzt werden, sie sind untereinander unverändert. Die letzte Zahl bezeichnet das Jahr dieses Druckes.
© Ernst Klett Grundschulverlag GmbH, Leipzig 1997.
Alle Rechte vorbehalten.

Typografische Gestaltung: Edmund Hornung
Umschlag: Motiv Rolf Bunse
Satz: Lihs, Satz und Repro, Ludwigsburg
Repro: Reprographia GmbH & Co. KG, Lahr
Druck: KLETT DRUCK H. S. GmbH, Korb
ISBN 3-12-242223-9

Inhalt

Rate mal, es ist nicht schwer!	Seite 4
Wir mögen Tiere	Seite 12
Auf der Straße	Seite 20
In der Schule	Seite 28
Zu Hause	Seite 36
Dein Körper	Seite 46
Umweltschutz macht Spaß!	Seite 54
Was wächst denn da?	Seite 60
Wir basteln, lesen und spielen	Seite 66
Zirkus, Zirkus	Seite 76
Von der Zeit	Seite 82
Herbst	Seite 90
Weihnachten	Seite 92
Winter	Seite 98
Frühling	Seite 102
Sommer	Seite 104
Grammatik (Übersicht)	Seite 106
Wörterliste	Seite 107

Rate mal, es ist nicht schwer!

Suchbild; Namenwörter

- **Mann**
- **Frau**
- **Mädchen**
- **Junge**
- **Fenster**
- **Tür**
- **Katze**
- **Apfel**
- **Vogel**
- **Bild**
- **Uhr**
- **Maus**

1. Wo ist der Apfel, das Mädchen, …? Suche die Bilder zu allen Wörtern!
2. Zu welchen Bildern findest du keine Wörter?
3. Spielt: Ich sehe was, was du nicht siehst … Schreibe auf, was das Kind neben dir erraten soll: *die Katze, der Vogel, …*

Suchbild; Tuwörter

bellen

essen

geben

lachen

schlafen

spielen

singen

weinen

werfen

malen

ziehen

stehen

1. Wo malt jemand? Oder schläft, ...?
   Suche die Bilder zu den Wörtern!
2. Zu welchen Bildern findest du keine Wörter?
3. Ein Kind schreibt ein Rätselwort:
   m _ l _ n (malen).
   Die anderen raten.

Rate mal, es ist nicht schwer!

Suchbild; Wiewörter

- weiß
- braun
- nass
- grün
- groß
- klein
- gelb
- alt
- jung
- hoch
- rot
- lustig

1. Wo ist das grüne Boot, der rote …? Suche die Bilder zu den Wörtern!
2. Zu welchen Bildern findest du keine Wörter?
3. Ein Kind schreibt ein Rätselwort: g _ ü _ (grün). Die anderen raten.

Alphabet

A **Bilder-ABC**

1. Was zeigen die Buchstaben-Bilder?
   Erzähle: Apfel, ...
2. Kennst du ABC-Verse?

ABCD	Die Kuh frisst gerne Klee.
EFGH	Seid ihr auch alle da?
IJKL	Die kleine Maus läuft schnell.
MNOP	Der Wal hat keinen Zeh.
QRST	Der Fisch schwimmt durch den See.
UVWX	Der Bär macht einen Knicks.
Y und **Z**	Die Tiere gehn zu Bett.

3. Ihr könnt auch selbst dichten.
   Solche Wörter helfen euch:
   - Schnee – Tee – geh – oje – weh
   - nah – ja – sah – Mama – hurra
   - Fell – hell
   - nett – fett
4. Sucht für eure Klasse einen ABC-Vers aus!
5. Übe das ABC, bis du es auswendig kannst!

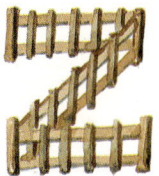

Rate mal, es ist nicht schwer!

Alphabet; Plakat; Eigennamen

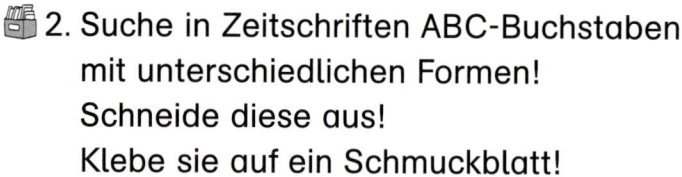

A Geheimschrift

1. Erkennst du die Buchstaben am Rand? Lies vor!
2. Suche in Zeitschriften ABC-Buchstaben mit unterschiedlichen Formen! Schneide diese aus! Klebe sie auf ein Schmuckblatt!
3. Bastelt für eure Klasse ein großes ABC-Plakat!
4. Erfinde neue Schriften (eckig, rund, dick, dünn, klein, groß, gerade, schief)! Schreibe das ABC in deiner Geheimschrift auf!

B Welcher Name kommt zuerst?

• Uli	• Nicola	• Hakan	• Lisa
• Ali	• Kevin	• Jennifer	• Rainer
• Susi	• Bernd	• Marie	• Claudia

5. Schreibe die Namen auf kleine Zettel! Fahre die Anfangsbuchstaben farbig nach!
6. Ordne sie nach dem ABC!
7. Welche Namen haben die Kinder in deiner Klasse? Schreibe sie auf kleine Zettel! Ordne sie nach dem ABC!
8. Du kannst die Kosenamen der Kinder deiner Klasse nach dem ABC geordnet aufschreiben.
9. Ordne diese Ländernamen nach dem ABC: England, Belgien, Frankreich, Italien, Türkei, Dänemark, Niederlande, Spanien!

Reimwörter; Rätsel

A Reimwörter suchen

1. Die Wörter zu den Bildern reimen sich:
   Fisch, Hund, Schuh, Mund,
   Hase, Tisch, Kuh, Nase.
   Schreibe sie auf:
   Fisch – Tisch, ...

B Kleine Reimgeschichten

Lisa hat aus den Wörtern eine kleine
Geschichte gemacht:
Die Kuh braucht keinen Schuh.

2. Schreibe zu den anderen Reimwörtern
   in A oder B kleine Geschichten:
   Der Fisch liegt auf dem ...
   Der Hund hat einen ...
   Der Hase hat eine ...

C Dingsda-Rätselgeschichten

Er kann gut springen. Er ist rund.

Der Ball!

3. Schreibe auch zu den anderen Wörtern
   Rätselgeschichten auf!
4. Spielt das Dingsda-Spiel mit anderen Wörtern!

Rate mal, es ist nicht schwer!

Silben; abschreiben

A Abzählen

Eins, zwei, drei –
du bist frei.

1. Sprich halblaut! Klatsche dazu!
2. Sprich diese Wörter halblaut! Klatsche dazu!
   Re-gen, Rad, Ho-se, Ro-se, fra-gen,
   sa-gen, Sa-chen, la-chen.
   Hörst du die Silben?
3. Schwinge mit dem Zeigefinger die Silbenbögen
   dazu: Regen, Rad, ...
4. Schreibe die Wörter auf!
   Setze die Silbenbögen darunter!

> Wörter haben **Silben**.
> Ich höre sie, wenn ich
> das Wort laut spreche
> und dazu klatsche.
> Auto hat zwei Silben:
> Au - to.

B Silbenrätsel

Schu-	le	Son-	ne	Re-	gen
Au-	to	Ki-	no	Him-	mel
Ho-	se	hel-	fen	la-	chen

5. Jedes Wort hat zwei Silben.
   Schreibe die Wörter so auf:
   Son-ne, Sonne; ...

C So schreibst du richtig ab

Wörter und Sätze schreibst du so ab:
1. Wort genau anschauen: Regen.
2. Leise, aber deutlich die Silben sprechen und
   in die Luft schwingen: Regen, ...
3. Wort mit dem Finger auf den Tisch schreiben:
   Regen.
4. Wort ins Heft schreiben: Regen.
5. Jeden Buchstaben genau vergleichen:
   Regen
   Regen.

Lernwörterheft anlegen; Diktat

A Ein Heft für die Lernwörter

- Nimm ein Rechenheft oder ein doppeltes Schreibheft!
- Trage auf den rechten Seiten die Buchstaben von A bis Z ein!
- In dieses Heft schreibst du die Lernwörter!

B Arbeit mit den Lernwörtern

Rätsel
Wer sagt mir den Vogel an,
der seinen Namen sagen kann?

1. Lies die Geschichte erst leise, dann halblaut aufmerksam durch!
2. Schreibe den Text in deiner schönsten Schrift ab!
3. Suche in deinem abgeschriebenen Text die Lernwörter!
4. Fahre sie farbig nach! Sprich jedes Lernwort halblaut und deutlich!
5. Sprich die Silben, schwinge oder klatsche dazu: Vogel, …
6. Decke die Geschichte ab! Welche Lernwörter weißt du noch? Schreibe sie auswendig auf!
7. Vergleiche deine Wörter mit der Vorlage und verbessere falsch geschriebene Wörter!
8. Schreibe die fehlenden Lernwörter auf!
9. Findest du Reimwörter zu den Lernwörtern? wer – er – der, … Benutze die Wörterliste (S. 107 – S. 111)!
10. Zum Schluss: Diktat!

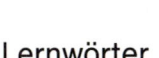
Lernwörter

an	sagen
der	sagt
können	seinen
kann	Vogel
mir	wer
Namen	

Wir mögen Tiere

erzählen; Namenwörter; Sätze bilden

A Da lachen ja die Hühner!

Die Katze …
Das Schwein …
Die Ziege …
Der Fisch …
Das Pferd …
Die Kuh …
Das Huhn …
Der Hund …

1. Was ist auf dem Bild so lustig?
2. Erzähle eine Geschichte von der verkehrten Welt! Nimm dazu diese Wörter:
   liest Zeitung, fährt Auto, sieht in den Spiegel, angelt, spielt Ball, hört Radio, fängt Fliegen, fährt Rollschuh!
3. Schreibe die Sätze auf, die dir am besten gefallen!
4. Was tun die Tiere wirklich? Erzähle!
5. Schreibe Sätze auf: …wiehert.   …legt ein Ei.
   …schwimmt.   …grunzt.   …gibt Milch.
   …fängt Mäuse.   …bellt.   …meckert.

Namenwörter für Tiere; Tierrätsel; Alphabet

A Tier-Memory

1. Erkennst du die Tiernamen: _amm, _sel, _iege, _ferd, _atze, _chwein, _uh, _und?
2. Ordne zu und schreibe so:
   a) Schwein, b) …
3. Kreise die Anfangsbuchstaben so ein:
   Ⓢchwein, …

> **Namenwörter** können uns sagen, wie Tiere heißen.
> **Namenwörter** schreiben wir mit **großen Anfangsbuchstaben**.
> **Z**iege, **K**uh, …

B Ordnen nach dem ABC

Haustiere: • ⓀKatze, ⒺEsel, ⒽHund, ⓈSchwein
• ⓏZiege, ⓁLamm, ⓀKuh, ⓅPferd

andere Tiere: • ⒾIgel, ⒻFuchs, ⒽHase, ⒶAmsel
• ⓁLöwe, ⓆⓊQualle, ⒻFisch, ⒷBär

4. Ordne immer vier Wörter nach dem ABC!
   Ein guter Tipp: Wörter aufschreiben, ausschneiden, nach dem ABC ordnen und abschreiben.

der **Fuchs**

der **Hase**

der **Igel**

das **Kamel**

der **Löwe**

Wir mögen Tiere

Einzahl, Mehrzahl

A Tiere im Zoo

1. Wie heißen die Tiere?
2. Wie viele Löwen, … siehst du auf dem Bild?
3. Welche Tiere kann man im Zoo noch sehen?

B Es gibt nicht nur einen Affen!

4. Welche Wörter gehören zusammen?
   Affe, Biene, Bär, Löwe, Pferd, Katze, Eule, Schwein – Eulen, Schweine, Affen, Bienen, Pferde, Bären, Löwen, Katzen
   Schreibe so: *der Affe – die Affen, …*

5. Ordne auch diese Wörter nach Einzahl und Mehrzahl: Fuchs, Vogel, Frosch, Floh, Gans, Huhn, Hahn, Kuh – Vögel, Flöhe, Kühe, Hähne, Hühner, Füchse, Gänse, Frösche

Einzahl	Mehrzahl
der Fuchs	*die Füchse*

Namenwörter gibt es in der **Einzahl:** das Tier und in der **Mehrzahl:** die Tiere.

erzählen; nach Vorgaben schreiben; Aussagesätze

A Eine Bildergeschichte

Tina ist auf dem Weg nach Hause. Auf einmal fliegt ihr Schal weg. Er landet gleich neben einem Baum. Dort steht ein Hund ...

1. Was passiert nun?
   Gib dem Hund einen Namen!
   Erzähle die Geschichte!
2. Suche die richtigen Sätze heraus und schreibe die Geschichte auf!

1. Bild: ○ Der Hund nagt an einem Knochen.

   △ Der Hund wedelt mit dem Schwanz und guckt Tina freundlich an.

   □ Der Hund ist mit einer Leine am Baum festgebunden und knurrt Tina böse an.

2. Bild: ○ Tina nimmt ihm den Knochen weg.

   △ Tina läuft immer um den Baum herum, der Hund ist hinter ihr her.
   Die Leine wickelt sich um den Baum.

   □ Tina streichelt den Hund.

3. Bild: ○ Jetzt ist die Leine so kurz, dass der Hund Tina nicht mehr packen kann.
   Sie nimmt den Schal und geht.

   △ Tina geht mit dem Hund weg.

   □ Tina steckt den Knochen in die Tasche und geht.

3. Jede Geschichte braucht eine Überschrift.
   Welche passt am besten zu der Geschichte?

   | Mein Trick | Der Hund |
   | Der Schal | Der Knochen |

Wir erzählen mit **Aussagesätzen.** Nach einem Aussagesatz steht ein **Punkt.**

Wir mögen Tiere
Selbstlaute

K_tze
Pf_rd
V_gel
_gel
H_nd

A Lauter Haustiere?

Pf_rd, H_nd, K_tze, _sel, Sch_f, K_h, _gel,
G_ns, F_sch, W_ll_ns_tt_ch

1. Hier fehlen Buchstaben.
   Wie heißen die Tiere richtig?
2. Schreibe die Tiernamen auf
   und kreise die eingesetzten Laute ein!
3. Wie viele verschiedene Laute
   kannst du finden?
4. Schreibe die Tiernamen
   in dein Lernwörterheft!

B Zaubern mit Selbstlauten

Aus **a** wird **i**: Satz, Tante, an, am
Aus **i** wird **o**: Wirt, dich, Blick
Aus **o** wird **u**: Mond, Ohr, Brot
Aus **u** wird **a**: Hund, Nudel, Schule
Aus **e** wird **i**: setzen, wer, der
Aus **e** wird **a**: Fell, fest, denken

5. Tausche die Selbstlaute aus und schreibe
   die alten und die neuen Wörter auf:
   der Satz – der Sitz, …
6. Findest du selbst solche Zauberwörter?
7. Probiere weiter bei: Bach, Hase, Bund, Filter,
   Deckel, Puppe, Huhn.

A, e, i, o, u
sind **Selbstlaute**.

C Streng geheim!

8. Kannst du die Geheimschrift lesen?
   Mrgn kmmt dr Zrks mt Clwns nd Trn.
   Vl Spß!
9. Schreibe die Botschaft so auf,
   dass alle sie lesen können!

Alphabet; Wörterbuch; Mitlaute, Selbstlaute, Umlaute

A Wo stehen die Buchstaben im ABC?

1. Schreibe das ABC von Seite 7 ab:
   A, B, ...
2. Unterstreiche die Mitlaute im ABC rot!
3. Unterstreiche die Selbstlaute im ABC blau!
4. Ordne diese Buchstaben nach dem ABC:

   C G E A F D H B

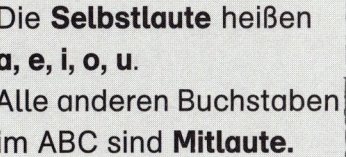

Die **Selbstlaute** heißen **a, e, i, o, u**. Alle anderen Buchstaben im ABC sind **Mitlaute**.

B Rätsel

Ein Tier, das mit B anfängt und brummt, ist ein ...
Ein Tier, das mit V anfängt und piepst, ist ein ...
Ein Tier, das mit K anfängt und miaut, ist eine ...
Ein Tier, das mit H anfängt und bellt, ist ein ...

5. Katze, Hund, Bär, Vogel:
   Löse die Rätsel und schreibe die Sätze auf!

Vogel

C Bei einem Hamster ist alles klein

Köpfchen, Hälschen, Öhrchen, Zähnchen,
Pfötchen, Schwänzchen, Schnäuzchen

Der Kopf ist ein Köpfchen.
Der Hals ...
Das Ohr ...
Der Zahn ...
Die Pfote ...
Der Schwanz ...
Die Schnauze ...

6. Schreibe die Sätze auf!
7. Lege eine Tabelle an:

Selbstlaute	Umlaute
Kopf	Köpfchen
...	...

8. Kreise Selbstlaute blau und Umlaute gelb ein!

Selbstlaute können sich verändern: **ä, ö, ü** sind **Umlaute**.

Wir mögen Tiere
Wörterbuch

Nachschlagen in 6 Schritten

1. sprechen

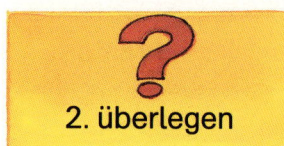
2. überlegen

3. suchen

4. merken

5. schreiben

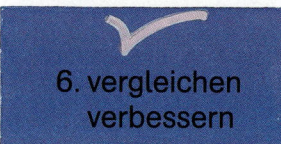
6. vergleichen verbessern

A Bücher zum Nachschlagen

In manchen Büchern sind die Wörter nach dem ABC geordnet.
- K L P D G T E L E F O N B U C H Q W F H L
- L S D G H R T Z L E X I K O N W P L R P M
- H R T Z V C X W Ö R T E R B U C H V T Z B

1. Zwischen den Buchstaben haben sich die Namen von drei solchen Büchern versteckt. Findest du sie?

   Wir schauen uns ein Wörterbuch an.

2. Auf welcher Seite beginnt das Wörterverzeichnis in deinem Wörterbuch?

3. • Wie heißt das erste Wort in deinem Wörterbuch?
   • Wie heißt das letzte Wort in deinem Wörterbuch?
   • Das erste Wort mit B?
   • Das letzte Wort mit O?
   • Das zweite Wort mit Qu?
   • Das vorletzte Wort mit X?
   Schreibe die Wörter auf!

4. Du weißt, was das Bild zeigt? Weißt du auch, wie man das Wort schreibt? So findest du es heraus:
   • Mit welchem Buchstaben fängt das Wort an?
   • Im Wörterbuch fangen die Wörter mit E auf Seite ▇ an.
   • Du suchst bei E so lange, bis du das Wort gefunden hast.
   • Auf Seite ▇ steht das Wort.

Alphabet; vortragen; Diktat

A Wörter sammeln

1. Sammle Wörter zum Thema Tiere
   und lege eine ABC-Liste an!
   Schreibe so:
   A – Ameise
   B – Bär
   C –
   D – Dinosaurier
   E – …

2. Bei welchen Buchstaben steht in
   deiner Liste kein Tiername?
   Schlage im Lexikon nach
   und ergänze deine Liste!
3. Suche ein Tier aus und male ein Bild!

B Wie unterhalten sich Tiere?

Katzen, Frösche, Hühner, Ziegen, Pferde, …
quaken, miauen, gackern, wiehern, bellen, …

4. Könnt ihr auch schnurren wie Kater Carlo?
   Oder gurren wie eine Taube?
   Probiert Tierstimmen aus!

C Diktat: Vorher Lernwörter üben (wie S. 11)!

Arko
Bernd hat einen jungen Hund bekommen.
Er nennt ihn Arko.
Arko hat einen kurzen Schwanz.
Wenn Bernd ruft: „Arko, komm!",
folgt Arko gleich.
Er kann auch Ball spielen.
Bernd mag ihn sehr.

auch	mögen
Ball	mag
folgen	nennen
gleich	nennt
ihn	Schwanz
jung	sehr
kommen	spielen
komm	rufen
kurz	

Auf der Straße

Informationen auswerten, weitergeben

erzählen; Sätze bilden; Eigennamen

A Der Weg zur Schule

1. Wie viele Zebrastreifen benutzen Lisa und Kevin auf ihrem Weg zur Schule?
2. Auf welchen Straßen gehen sie zur Schule?
3. Kirche, Hallenbad, Rathaus, Bäckerei, Hotel, Kino: Wo kommen sie vorbei?
4. Lies die Wörter am Rand!
   Schreibe Aussagesätze auf:
   Lisa und Kevin verlassen das Haus. Bei ...
5. Wie gehen sie weiter?
   Schreibe eigene Aussagesätze auf!
6. Andere Kinder kommen mit dem Bus.
   Wie gehen sie von der Bushaltestelle zur Schule?
7. Beschreibe deinen Schulweg!
   Wo musst du vorsichtig sein?

Lisa – Kevin – verlassen – das Haus

An der Kirche – überqueren – sie – die Weinstraße

Sie – benutzen – den Zebrastreifen

Sie – gehen – am Rathaus – vorbei – über – die Rathausstraße

B Namensschilder

Juliane, Marco, Daniel, Ines, Maria und Jan haben den gleichen Weg wie Lisa und Kevin.
An ihren Schulranzen hängen lustige Namensschilder.

8. Wie heißen die Kinder?
   Schreibe die Vornamen und die Familiennamen auf: *Juliane Vogel, ...*
9. Ordne die Namen nach dem ABC:
   Boris Eller, Dogan Ömer, Lisa Pagano, Anna Ray, Yvonne Dupont, Mirko Lang, Patrick Miller, Gülsün Arslen, Nada Beliga!

Familiennamen	Jungennamen	Mädchennamen

10. Ordne die Namen der Kinder deiner Klasse!

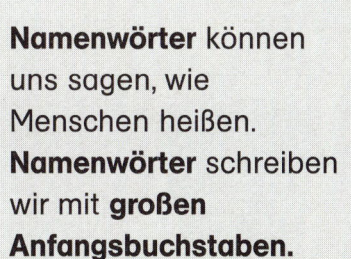

Namenwörter können uns sagen, wie Menschen heißen.
Namenwörter schreiben wir mit **großen Anfangsbuchstaben.**

Auf der Straße

erzählen; informieren; Darstellendes Spiel

A An der Ampel

1. Was passiert auf dem ersten Bild? Erzähle!
2. Lerne diese Sätze auswendig: Schreibe sie auf!
   Rot heißt: stehen!
   Grün heißt: sehen – dann gehen!

B Am Zebrastreifen

Schau links, schau rechts!
Gib dem Fahrer ein Zeichen!
Nun darfst du gehen.

3. Was müsst ihr bei einer breiten Straße noch beachten?
4. Zwei von euch spielen vor:
   • Zebrastreifen überqueren,
   • Zebrastreifen auf einer breiten Straße überqueren.
5. Warum müsst ihr auch am Zebrastreifen immer vorsichtig sein?

6. Anke ist sieben Jahre alt. Sie fährt auf dem Gehweg zur Schule. Erzähle, worauf sie besonders achten muss!

Suchbild; erzählen; Darstellendes Spiel; erklären; Zeichen

A Im Straßenverkehr

1. Erzähle, was alles auf der Straße passieren kann!
2. Julia ist auf der Straße Rollschuh gelaufen. Ihre Eltern haben es gesehen. Spielt das Gespräch!
3. Wo kann Julia spielen?

gefährlich	ungefährlich

   Auf dem Gehweg, auf der Fahrbahn, … Parkplatz, … Einfahrt, … Spielstraße, … Spielplatz, … Hof, … Wiese, … Sportplatz, … Schulhof, … Kreuzung, … Bushaltestelle?

   Habt ihr alle die gleichen Ergebnisse?
4. Marco wohnt erst seit kurzem bei euch in der Stadt. Er will von dir wissen, wo er ohne Gefahr spielen kann. Erkläre es ihm!

Auf der Straße

Darstellendes Spiel; Zeichen; Spiel; erklären; fragen

A Sprechen und verstehen ohne Worte

Sei leise! Langsam! Ich will über die Straße! Ich weiß nicht! Schon wieder zu spät! Komm bitte mal her!

1. Ordne die Sätze den Bildern zu!
2. Erzähle zu jedem Bild eine kleine Geschichte!
3. Die Ampel ist ausgefallen.
   Welche Handzeichen gibt der Verkehrspolizist?

B Was bedeutet das?

nicken	–	Hier ist es zu laut!
klatschen	–	Das ist falsch!
Kopf schütteln	–	Bravo! Das gefällt mir!
Ohren zuhalten	–	Ich gebe dir Recht.

4. Was gehört zusammen? Erkläre so:
   nicken bedeutet: Ich gebe ...
5. Überlegt euch kleine Geschichten, in denen jeweils eines der Zeichen vorkommt!
   Spielt die Geschichten vor!

C Richtig fragen

Thomas ist fremd in der Stadt.
Er will zum Bahnhof. Wie soll er fragen?

Wo ist der Bahnhof?
Zeigen Sie mir mal den Weg!
Können Sie mir bitte den Weg zum Bahnhof beschreiben?

6. Welche Frage ist am höflichsten? Warum?
7. Wie kannst du höflich fragen?
   Wo ist der Parkplatz? Wie spät ist es?
   Wo ist das Schwimmbad?
   Spielt vor und denkt dabei auch an die Begrüßung, den Dank und den Abschiedsgruß!

Namenwörter für Dinge; Großschreibung

A Ein Spiel mit Namenwörtern

Die Klasse 2 spielt im Kreis das Namenwortspiel.
Frank flüstert für sich das ABC.
Marion sagt: „Halt!"
Frank nennt den Buchstaben.

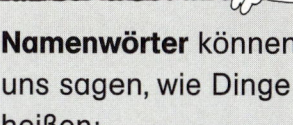

Namenwörter können uns sagen, wie Dinge heißen:
Auto, …
Namenwörter schreiben wir mit **großen Anfangsbuchstaben.**

1. Wer weiß als Erster ein Namenwort dazu?
   Er darf als Nächster das ABC flüstern.

B Was meint Anna?

Anna spricht mit ihrer Mutter:
„Mutti, meine Freunde haben alle schon lange
ein ▭.
Wenn wir jetzt umziehen, wohnen wir so weit weg
von der Schule.
Deshalb möchte ich auch ein ▭.
Ob ihr mir bald ein ▭ schenkt?"

(Fahrrad)

2. Was ist gemeint?
   Schreibe den Text mit dem gesuchten Wort auf!

3. Suche aus diesen Wörtern nur die heraus, die zum Straßenverkehr passen:
   Brot, Auto, Buch, Fahrrad, Brief, Straße, Himmel, Ampel, Jahr, Kreuzung, Schiff, Meer, Wiese, Schulbus!
   Schreibe so:
   das Auto, …

4. Suche noch sechs Namenwörter aus dem Verkehr!
   Schreibe sie auf!
   Unterstreiche die großen Anfangsbuchstaben bei jedem Namenwort!

Auf der Straße

Großschreibung; Satzschlusszeichen: Punkt

Namen schreiben wir mit **großen Anfangsbuchstaben: A**nne.

Wir erzählen mit **Aussagesätzen.** Nach einem Aussagesatz steht immer ein **Punkt.**

Am **Satzanfang** schreiben wir **groß.**

A P oder p? S oder s?

__eter und __usanne fahren mit dem Bus.
__ndrea __uchs kommt zu Fuß.
__andra __rank fährt mit ihrer Mutter.
__irko holt __arola immer ab.

1. Diese Buchstaben fehlen:
   P, S, A, F, S, F, M, C.
   Schreibe die Sätze richtig auf!
   Kreise die Anfangsbuchstaben farbig ein!

B Das neue Rad

Anna hat ein neues Rad bekommen. Sie ist sehr stolz darauf. Manchmal fährt sie schon freihändig. Dabei kann man aber leicht stürzen.

2. Schreibe den Text ab!
   Unterstreiche die Punkte!
   Kreise das Wort nach dem Punkt ein!
3. Die Geschichte geht weiter.
   Findest du die Punkte allein?

Anna wird nachdenklich Das hat sie sich noch nicht überlegt Sie will jetzt nicht mehr so leichtsinnig fahren Einmal möchte sie auch mit dem Rad zur Schule kommen.

C Sicher durch den Verkehr

__it ihrem __ater und ihrer __utter hat __nna oft geübt. __o kommt sie sicher zur Schule.

4. Diese Buchstaben fehlen:
   V, M, A, M, S.
   Schreibe den Text auf!
5. Diktiere deinem Partner die beiden Sätze!

Großschreibung; Satzschlusszeichen: Punkt; Diktat

A Auf dem Schulweg

Anna sieht viele Kinder, viele Häuser und eine
Menge Autos Sie hat einen weiten Weg zur Schule
Sie muss ihn oft zu Fuß gehen

1. Lies den Text!
   Wo machst du Pausen?
2. Schreibe den Text mit Punkten auf!
3. Diktiert euch den Text gegenseitig!

B An der Ampel

das Licht ist rot wir bleiben stehen das Licht wird
grün wir schauen nach links und nach rechts die
Autos halten wir dürfen gehen.

4. Sprich die Sätze!
   Wo gehören Punkte hin?
5. Wo schreibst du groß?
   Schreibe die Sätze auf!
6. In der Wörterschlange haben sich drei Sätze
   versteckt.
   Achte auf die Satzanfänge!
   Vergiss die Punkte nicht!

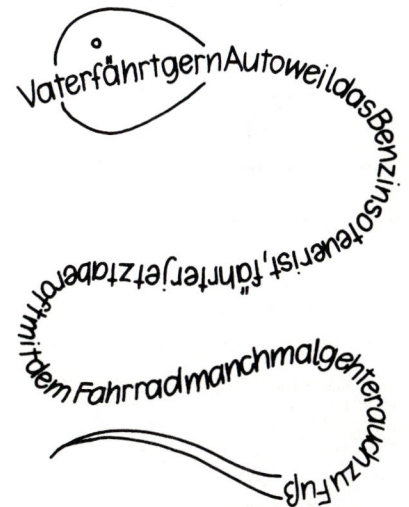

C Diktat: Vorher Lernwörter üben (wie S. 11)!

Im Schulbus
Der Schulbus kommt.
Die Kinder warten, bis er hält.
Sie steigen ein und jeder sucht sich einen Platz.
Alle bleiben sitzen.
Kein Kind läuft herum oder spielt laut.

alle	oder
bleiben	Platz
einsteigen	Schulbus
halten	sitzen
hält	spielt
herum	suchen
laufen	sucht
läuft	warten
laut	

In der Schule

Gespräche führen; Gesprächsregeln; Plakat

A Miteinander sprechen

Wie war das, als du das letzte Mal mit deiner Freundin gesprochen hast?
Oder als ihr in der Gruppe oder im Kreis miteinander gesprochen habt?

1. Gab es ein Problem?
   Erzählt darüber!
2. Es gibt verschiedene Formen von Gesprächen:
   Partnergespräche, Gruppengespräche, Kreisgespräche.
   Jede Form hat Vorteile, aber auch Nachteile.
   Jedes Gespräch hat seine Regeln.
   Sprecht darüber!

B Gesprächsversuche

Sprecht in der Gruppe über das Thema „Gesprächsregeln in der Klasse"!
Macht dabei einen der folgenden Versuche:
- Jedes Kind fasst zusammen, was sein Vorredner gesagt hat.
  Etwa so: „Maria, du hast gesagt, …"
- Nach jedem Gesprächsbeitrag wird eine Pause von fünf Sekunden gemacht.
  Erst dann kommt der Nächste dran.
- Ihr sitzt bei dem Gespräch mit dem Rücken zueinander.

3. Sprecht über eure Erfahrungen!

C Plakat mit Gesprächsregeln

4. Überlegt euch jetzt, welche Regeln ihr für eure Klasse aufstellt! Schreibt sie auf und hängt sie für jeden sichtbar auf!

Regeln; wünschen; Notizen; Abkürzungen

A Die Klassenbücherei und zwei Ecken

Die Klasse 2a hat eine eigene Bücherei, eine Schreibecke und eine Leseecke mit Heften und spannenden Büchern. Es gibt dort ein Regal mit Karten- und Brettspielen.

1. Was soll es in eurer Leseecke geben?
2. Welche Regeln braucht ihr für die Ecke?
   Die Sitzplätze sind begrenzt.
   Es soll ruhig sein ...
3. Wo könnt ihr Domino und Memory spielen?
4. Wie sieht euer Wunsch-Klassenzimmer aus?
   Jeder malt ein Bild und schreibt etwas darüber!

B Hausaufgaben notieren

Die Lehrerin sagt:

Rechnet bitte im Heft, auf Seite 9, die Aufgaben 2 und 3!
Im Lesebuch lest ihr bitte die Geschichte auf Seite 25!
Vergesst den Zeichenblock nicht!

Mario schreibt an der Tafel mit:

Lisa notiert im Aufgabenheft:

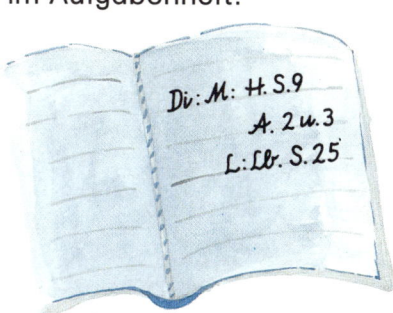

5. Vergleiche Marios und Lisas Notizen!
6. Was bedeuten Lisas Abkürzungen?
   Schreibe so:
   Di = Dienstag
   R = Rechnen, ...
7. Suche auch Abkürzungen für die anderen Fächer und für die Wochentage!
   Schreibe sie auf!

In der Schule

Namenwörter; bestimmte Begleiter

Auge
Frau
Bild
Fehler
Kind
Freundin
Licht
Fuß
Vogel

Glas
Mädchen
Schule
der? Papier
die? Platz
das Wagen
Tür
Wiese
Uhr
Meter

Spiel
Weg
Zimmer
Woche
Stunde
Lehrerin
Luft
Jahr
Tafel
Buch

Namenwörter haben Begleiter:
der, die, das sind **bestimmte Begleiter.**

A Wie kann man Namenwörter erkennen?

Kevin fragt: Schreibt man Tisch vorne mit großem T oder mit kleinem t?
Was meint ihr?

1. Ordne die Wörter auf dem Randstreifen!
   Die Wörterliste (Seite 107–111) hilft dir den richtigen Begleiter zu finden.
   Lege eine Tabelle an:

der	die	das
der Fehler	die Frau	das Auge
der ...	...	...

B Welche Wörter passen?

- Freund, Stuhl, Brot, gehen, Mädchen, Baum
- Bus, Farbe, Feld, Tisch, laufen, Zug, Glück
- Lehrer, essen, Junge, Mantel, Hand, Arm, Meter

2. In jeder Reihe passt ein Wort nicht zu den anderen. Welches?
3. Wie heißen die Begleiter der Namenwörter? Trage sie in der Tabelle (Aufgabe 1) ein!
4. Suche fünf Namenwörter! Schreibe sie ohne Begleiter auf!
5. Jetzt gibst du das Heft einem anderen Kind! Es schreibt die richtigen Begleiter dazu!
6. Nun wird umgekehrt gespielt!

Simone kommt zu spät in die Schule.
Auf der Treppe trifft sie den Rektor.

bestimmte, unbestimmte Begleiter; Lückentext ergänzen

A In der Pause

Die Glocke läutet, die Pause beginnt. Auf dem Schulhof essen Kinder ein Brot, eine Banane oder einen Apfel. Andere nehmen ein Springseil oder spielen mit anderen Kindern.
Was machst du?
Ich ...

1. Lies den Text, schreibe ihn ab und vervollständige ihn!
2. Suche die unbestimmten Begleiter im Text:
   ein Brot, eine Banane, einen Apfel, ...
   Wann sagt man „das Brot",
   wann sagt man „ein Brot"?
   Sprecht darüber!
   Bildet Beispielsätze!
3. Ordne die Namenwörter nach ihren Begleitern!
   Schreibe den unbestimmten Begleiter dazu:
   Mark, Weg, Bild, Brief, Arm, Schule, Spiel, Papier, Tür, Wagen, Licht, Zimmer, Blume, Kopf, Tante.
4. Suche in der Wörterliste (Seite 107–111) noch fünf Wörter für die Tabelle!

Unbestimmte Begleiter sind: **ein – eine – ein.**

ein	eine	ein
ein Weg	eine Mark	ein Bild
ein ...	...	...

B Purzel in ▓ Schule

Heute bringt Steffi ▓ kleinen Hund mit in ▓ Schule. ▓ Hund heißt Purzel. ▓ Kinder wollen alle gern mit ▓ Hund spielen. Aber Purzel rennt lieber durch ▓ ganze Klasse. Zu Hause schreibt jeder ▓ kleine Geschichte über ▓ Tier, das er kennt.

5. Hier fehlen die Begleiter.
   Schreibe den Text mit den bestimmten und den unbestimmten Begleitern auf:
   ein, eine, die, dem, Die, Der, die, einen.

In der Schule

Befehlssätze

> Jemand soll etwas tun.
> Wir fordern ihn dazu auf:
> Solche Sätze nennen wir
> **Befehlssätze.**
> Sie haben
> ein **Ausrufezeichen.**
> „Seid bitte still!"

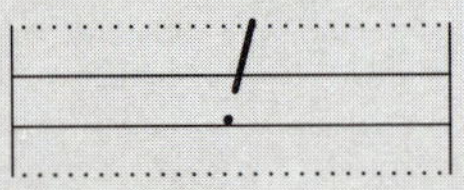

A Befehle

In der Klasse sind viele Kinder zusammen.
Es kann nicht jeder das tun, was er gerade möchte.
Warum?
Kinder sollten in der Schule:
still sein, aufpassen, Blätter einordnen, mitlesen,
aufschreiben, ausrechnen, gerade sitzen,
sich melden, einander helfen, zusammen
vorbereiten, Geschichten erfinden,...

1. Was sonst noch?
2. Die Lehrerin bittet die Kinder:

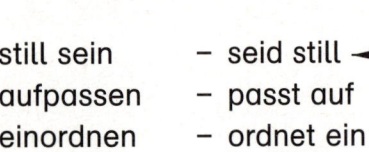

still sein	– seid still
aufpassen	– passt auf
einordnen	– ordnet ein
mitlesen	– lest mit
aufschreiben	– schreibt auf
ausrechnen	– rechnet aus
gerade sitzen	– sitzt gerade
sich melden	– meldet euch

„Seid bitte still!"
„Passt bitte auf!"
Schreibe alle Sätze als Befehlssätze auf!
Vergiss die Ausrufezeichen nicht!
Benutze die Wortpaare!

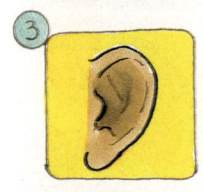 

B Auch Bilder können etwas befehlen

„Bildet rasch einen Sitzkreis!"
„Hört genau zu!"
„Seid still!"
„Passt genau auf!"
„Sagt es leise weiter!"
„Schaut im Buch nach!"

3. Ordnet gemeinsam die Sätze den Bildern zu!
4. Schreibe die Befehlssätze auf!

Bild 1: „Sagt es leise weiter!"
Bild 2: „..."
...

Tuwörter

A Auf dem Schulhof

1. Gib den Kindern Namen! Schreibe auf, was sie in der Pause alles tun:
   Evi hüpft.
   Anna …
2. Schreibe fünf Sätze auf!
   Die Wörter am Rand helfen dir.
3. Was tust **du** gern/ungern?
   Schreibe je fünf Sätze!
4. Auch Dinge und Pflanzen können etwas tun!
   Was gehört zusammen?
   Die Sonnenblume   –   läutet
   Der Wasserhahn   –   blüht
   Die Glocke   –   tropft
   Schreibe die drei Sätze richtig auf!
   Unterstreiche die Tuwörter!

rutschen, singen, sitzen, rennen, gießen, fangen, klettern, Ball spielen, sich verstecken, rechen, Vögel füttern, essen

Tuwörter sagen uns, was **Menschen, Tiere, Dinge** und **Pflanzen tun**.
Wir schreiben Tuwörter mit **kleinen Anfangsbuchstaben**.

In der Schule

Tuwörter; Darstellendes Spiel; Wortfelder; Plakate

A Ein Ratespiel

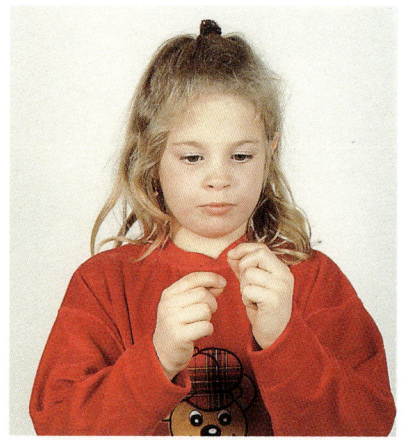

Jemand von euch spielt vor. Die anderen raten: laufen, Hände waschen und abtrocknen, einen Knopf annähen, einen Hund spazieren führen, schlafen, etwas abschreiben.
Zu zweit: Fußball, Tischtennis, Federball spielen, telefonieren, …

1. Wer als Erster richtig rät,
   darf als Nächster etwas vorspielen.

B Was kann deine Hand alles?

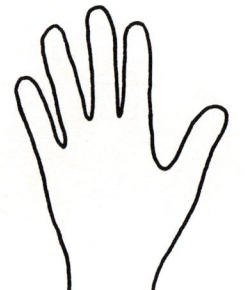

2. Stelle ein Plakat her:
   In die Mitte malst du deine Hand.
   Schreibe dazu, was die Hand alles tut.
   Diese Wörter helfen dir dabei:
   winken, bauen, malen, kämmen, greifen, waschen, schreiben, lenken, streicheln, anziehen, halten, häkeln, boxen, tragen.

3. Die Hand kann viel mehr.
   Suche sechs Tuwörter,
   die noch zur Hand passen!

Zu einem **Wortfeld** gehören Wörter mit ähnlicher Bedeutung.

C Pantomime

Man kann auf verschiedene Art gehen.

Wortfeld „gehen"

gehen	laufen
rennen	watscheln
trippeln	stolpern
schlurfen	latschen
hüpfen	torkeln
schleichen	hinken

4. Wähle ein Tuwort aus dem Wortfeld „gehen" aus und spiele es vor!
5. Welche Tuwörter gehören zum Wortfeld „sprechen"? Sammle möglichst viele! Schreibe sie auf!
6. Stellt Wörterposter her und hängt sie in der Klasse auf!
7. Spielt einige Wörter vor!

Sätze; Reimwörter; Diktate

A Reimen und raten

Bild – Platz – heute – Ball – sie – ich – Buch – schnell – stolz – gut – Klasse – weit – fremd – her

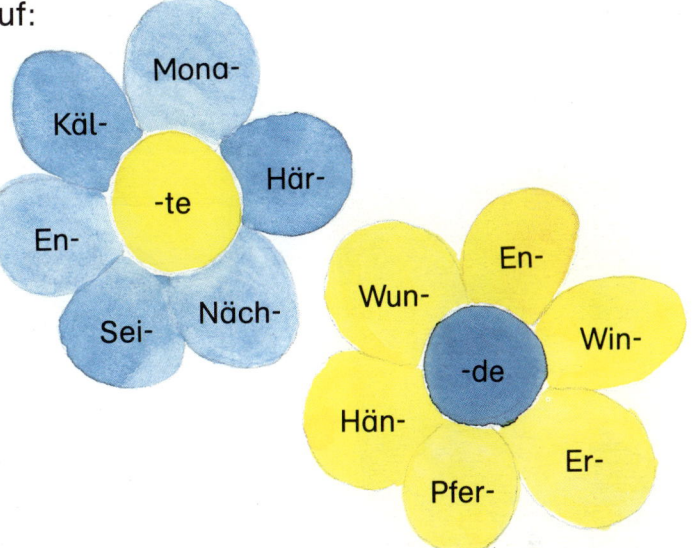

1. Zu jedem Wort findest du am Rand ein Reimwort. Schreibe auf:
   Bild – wild, ...
2. Setze die Silben am Rand zusammen und schreibe sie mit Begleiter auf:
   das Ende, ...

B Unsinnsätze

Ich [bleibe] gern zur Schule.
Du [liest] mit dem Ball.
Ich [gehe] heute zu Hause.
Er [malt] in das Wasser.
Wir [schreiben] um den Platz.
Er [fällt] ein Bild.
Du [spielst] in einem Buch.
Wir [laufen] in das Heft.

3. Schreibe die Sätze richtig auf:
   Ich gehe gern zur Schule. ...
4. Lass dir den richtigen Text von dem Kind neben dir diktieren!
   Suche eine Überschrift dazu!
5. Erfinde selbst drei Unsinnsätze!

C Diktat: Vorher Lernwörter üben (wie S. 11)!

Die neue Schülerin
Dilek ist neu in der Klasse.
Sie kommt von weit her und ist noch fremd bei uns.
Sie läuft schnell und wirft den Ball weit und gut.
Darauf kann sie stolz sein.

fremd — Schülerin
gut — stolz
her — weit
Klasse — werfen
schnell — wirft

Zu Hause

Wiewörter

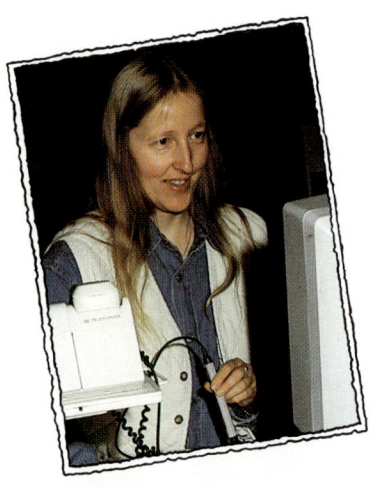

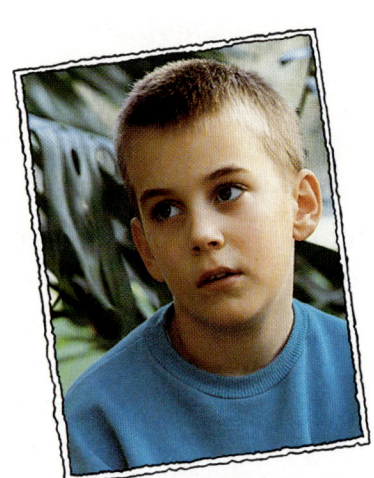

Ich heiße Tim.
Meine Mutter ist von Beruf Krankenschwester.
Sie hat kurze, schwarze Haare.
Sie trägt einen weißen Pulli mit rosa Streifen.

Ich bin Maria.
Meine Mutter ist Reporterin.
Ihre langen, blonden Haare finde ich toll.

Mein Name ist Kevin.
Meine Mutter ist Schauspielerin.
Sie hat braune Haare und trägt eine neue Brille.
Ihr Pullover ist rot.

A **Welche Frau ist meine Mutter?**

1. Erkennst du die Mütter?
2. Welche Wörter haben dir verraten, welche Frau gemeint ist?
Schreibe sie in dein Heft!

Wiewörter; nach Vorgaben erzählen, schreiben; Darstellendes Spiel

A Sandras Mutter

Sandra und Axel schauen aus dem Fenster.

„Dort drüben steht eine Frau", sagt Axel.
  „Dort sind aber viele Frauen", antwortet Sandra.

„Ich meine die junge Frau."
  „Da sind zwanzig junge Frauen."

„Ich meine die junge, große Frau."
  „Da sind fünf junge, große Frauen."

„Ich meine die junge, große, blonde Frau."
  „Da sind drei junge, große, blonde Frauen."

„Ich meine die junge, große, blonde, lustige Frau."
  „Da sind zwei junge, große, blonde, lustige Frauen."

„Ich meine die junge, große, blonde, lustige, liebe Frau."
  „Ja, das ist doch meine Mutter."

1. Lest die Geschichte mit verteilten Rollen!
2. Wie hat Sandra erkannt, dass Axel ihre Mutter meint?
   Schreibe alle Wörter auf, die dir sagen, wie Sandras Mutter ist: *jung, ...*
3. Schreibe immer das Gegenteil auf:
   jung – alt, groß – ...
4. Denke dir eine ähnliche Geschichte wie „Sandras Mutter" aus! Erzähle und schreibe auf! *„Dort drüben steht ein Mann ..."*
5. Sucht euch eine der Geschichten aus, spielt sie!
6. Wie möchtest du gern sein? Wie möchtest du auf keinen Fall sein? Lege eine Tabelle an!

so will ich sein	so will ich nicht sein

Wiewörter sagen uns, wie Menschen, Tiere oder Dinge sind: alt, jung, groß, ...
Wiewörter schreiben wir **klein**.
Viele Wiewörter haben ein Gegenteil.

klein alt
dunkelhaarig
traurig
böse

Zu Hause

Gestalten von Einladungen

Hallo Peter,
am 30. April habe ich
Geburtstag. Kannst du
kommen? Um 2 Uhr geht
es los. Weißt du schon,
was wir machen?
Bis bald!
Veronika

Einladung
zu meiner Feier
am 30. April
um 2 Uhr
bei Kramer, Innstraße 5
Kommst du?
Veronika

Liebe Gabi,
ich lade dich herzlich
zu meinem Geburtstag ein.
Wir machen viele tolle
Spiele. Es gibt auch Saft
und Kuchen.
Tschüss
deine Veronika

A Veronika hat Geburtstag

Veronika will drei Schulfreunde einladen,
die noch nie bei ihr waren.
Diese Einladungsbriefe hat sie entworfen.

1. Vergleiche die Einladungen!
2. Was muss in einer richtigen Einladung stehen?
   Die Fragewörter helfen dir:
   Wer lädt ein? Wer wird eingeladen?
   Was …
3. Manche Kinder lädt Veronika auch mündlich ein.
   Wie macht sie das?
4. Gestalte eine Einladungskarte für Veronikas
   Geburtstagsparty!

In einer **Einladung**
sollte stehen:
Wer wird eingeladen?
Was wird gemacht?
Wann soll man kommen?
Wohin soll man kommen?
Wer lädt ein?

wünschen; gratulieren; danken; Darstellendes Spiel

A Und noch ...

Ich wünsch' mir eine Schaukel
und eine Eisenbahn.
Dazu noch eine Puppe,
die richtig sprechen kann.

Ich wünsch' mir auch ein Fahrrad
und eine weiße Maus.
Außerdem hätt' ich noch gern
ein neues Spielzeughaus.

Ich wünsch' mir einen Zirkus
mit vielen Tieren drin,
von dem ich ganz alleine
der Direktor bin.

Ich wünsch' mir eine Mama
mit tausend Stunden Zeit
zum Basteln und zum Spielen,
wenn's draußen stürmt und schneit.

Ich wünsch' mir in der Schule
'nen kleinen Mann im Ohr.
Dann muss ich nicht mehr rechnen,
er sagt mir alles vor.

Ich weiß, dass manche Wünsche
nicht in Erfüllung gehn,
und wünsche trotzdem weiter,
denn wünschen ist so schön.

Manfred Mai

1. Lernt das Gedicht auswendig!
2. Sprecht darüber, was ihr euch wünscht,
   was ihr sammelt und was es kostet!

B Glückwünsche und Geschenke

Zu Veronikas Geburtstagsparty sind viele Kinder gekommen. Sie gratulieren ihr herzlich. Über die mitgebrachten Geschenke freut sich Veronika sehr. Sie bedankt sich bei ihren Gästen.

3. Spielt vor, wie sich Veronika bedanken könnte!
4. Kennt ihr ein Geburtstagslied?
   Singt es zusammen!
5. Welche Glückwünsche kannst du nicht lesen?
   Findet heraus, in welchen Ländern so
6. Wie heißen die Glückwünsche auf Deutsch?
7. Bei welchen Gelegenheiten ist es noch wichtig
   sich zu bedanken?

Da gum günün kuten olsun!

Tanti auguri per te!

Joyeux anniversaire!

Happy birthday to you!

Zu Hause

Bildergeschichte

A Eine Geschichte in Bildern

Lisa und Kevin bereiten Gabis Geburtstagsfeier vor.

1. Schreibe auf, was die Bilder erzählen!

   ① Bild
   - Welchen Geburtstag hat Gabi?
     Gabi hat ...
   - Was richten Kevin und Lisa alles her?
     Kevin bringt ...
     Lisa stellt ...

   ② Bild
   - Warum erschrecken Lisa und Kevin?
     Auf einmal sausen ...
   - Wohin will Trixi flüchten?
     Trixi will ...

   ③ Bild
   - Was passiert mit der Tischdecke und den Geschenken?
   - Was sagt Lisa wohl zu Bello?

2. Jede Geschichte braucht eine Überschrift. Welche passt am besten?

   Unser Hund
   Geburtstagsfeier
   Alles umsonst!

3. Sollen Trixi und Bello bestraft werden? Was meinst du?

richtig telefonieren; grüßen; verabreden; Darstellendes Spiel

A Am Telefon

Hallo, Maria! Hier spricht Frau Braun.

Maria May.

Guten Tag, Frau Braun!

Könnte ich bitte deine Mutter sprechen?

Leider nicht! Sie ist gerade in der Stadt. Kann ich ihr etwas ausrichten?

Das wäre nett von dir. Könntest du ihr sagen, dass ich morgen nicht mit zur Gymnastik gehen kann? Ich bekomme Besuch.

Ja, das mache ich, Frau Braun. Auf Wiederhören!

1. Spielt das Telefongespräch nach!
2. Auch am Telefon begrüßt man sich und verabschiedet sich voneinander.
   Wie macht das Maria?
   Wie begrüßt du am Telefon deine Freundin, deine Lehrerin, deine Schwester, einen Fremden, …?
   Wie verabschiedest du dich?
3. Denke dir mit deinem Banknachbarn ein Telefongespräch aus, z. B.:
   Kevin will von Martin die Hausaufgabe erfragen.
   Lisa will die kranke Tina trösten.
   …
   Spielt das Gespräch der Klasse vor!

Hallo, …
Grüß dich, …
Guten Morgen, …
Guten Tag, …
Tschüss!
Auf Wiedersehen!
Mach's gut!
Auf Wiederhören!

Zu Hause

vortragen; Namenwörter; Einzahl, Mehrzahl

A Kinder

Von deinem Vater,
deiner Mutter
bist du
das Kind.

Von deinen Großvätern,
deinen Großmüttern
sind deine Eltern
die Kinder.

Von deinen Urgroßvätern,
deinen Urgroßmüttern
sind deine Großeltern
die Kinder.

Also sind
deine Großeltern,
deine Eltern
und du
allesamt Kinder.

Hans Manz

1. Lies das Gedicht durch und erkläre!
2. Schreibe das Gedicht ab und schmücke das Blatt!
3. Lerne das Gedicht auswendig!
4. Schreibe alle Namenwörter heraus!
   der Vater,
   die ...
5. Suche die fehlenden Einzahlformen oder Mehrzahlformen:
   der Vater – die Väter
   die Mutter – die ▨
   ...

Silbentrennung

A Abzählverse

1. Sprecht gemeinsam den Abzählvers!
   Schwingt oder klatscht zu den Wörtern!
2. Hört oder schaut genau hin und zählt:
   Wie oft schwingt oder klatscht ihr
   bei dem Abzählvers?
   Und wie viele Wörter hat der Vers?
3. Sammelt weitere Abzählverse!
   Schwingt oder klatscht dazu!
4. Schwinge oder klatsche so,
   dass es zu den Wörtern passt!
   Zum Beispiel einmal:
   Tag Haus Kind
   Oder so, zweimal:
   Va-ter El-tern Mut-ter Tie-re Leh-rer
   Oder sogar dreimal:
   Nach-mit-tag Groß-el-tern Eu-ro-pa
5. Sprich und klatsche zu diesen Wörtern:
   kurz, Ap-fel, Ball, er-zäh-len, fal-len, Haa-re,
   er-laubt, brin-gen, kalt, la-chen, fern-se-hen,
   Sams-tag, Wie-se, Feh-ler.
6. Setze die getrennten Wörter zusammen!
   Schreibe so:
   Apfel, …
7. Wie oft kannst du bei diesen Wörtern
   schwingen oder klatschen?
   isst, am Morgen, erzählt, falsch, du bist, warum,
   Häuser, ab, Feuer, Erde, Finger, endlich, Loch,
   aus, den, Fehler, vom, vor, wem, bekommt,
   erklären, wo, wen, ihm, langsam, bis, möchte,
   zwei, zehn, wirst, lass, versteht, von, sitzt,
   kennt, fest, werden, willst, warm, verkaufen
8. Schreibe zehn Wörter ab!
   Trenne sie, wenn es möglich ist!

> „Eins, zwei, drei, vier,
> fünf, sechs, sieben,
> meine Mutter kochte Rüben,
> meine Mutter kochte Speck
> und du bist weg."

Längere Wörter kannst du beim Sprechen und beim Schreiben in **Silben** zerlegen:
El-tern, …

Zu Hause

Silben; Silbentrennung; Wörter bilden

A Rätsel

Va-	Bru-	Schwes-	On-	Mut-	Toch-	Tan-
-ter	-der	-ter	-ter	-ter	-te	-kel

1. Setze sieben Wörter zusammen!
2. Zerlege die Wörter in Silben, sprich, schwinge oder klatsche leise: Freundin, Großmutter, Papier, Einladung, Geburtstag, Mann, Junge, Mädchen, Frau, Kuchen, Torte, Wohnung, Familie, Freund, wohnen, wünschen, tun, Schülerin, Sachen, Schüler.

B Wörter trennen

3. Ordne die Wörter aus Aufgabe 2 so:

1 Silbe	2 Silben	3 Silben
Mann	Freun-din	Groß-mut-ter

4. Sprich, schwinge oder klatsche zu diesen Wörtern: acht, rechnen, er, legen, lernen, fünf, sicher, schlafen, reden, hat, glücklich, los, hin, böse, fangen, antworten, vorlesen.
5. Schreibe die Wörter in die Tabelle!

C Lustige Bandwürmer

Füllfederhalter
Füllfederhaltermäppchen
Füllfederhaltermäppchenreißverschluss

6. Wie viele Silben haben sie?
7. Bilde selbst Bandwürmer!

D Ein Bilder-Silben-Rätsel

8. Warum wäre das Huhn lieber zu Hause? Es gibt mal wieder ...

Wörter bilden: vorangestellte Wortbausteine; Wörterbuch; Diktat

A Mit Wortbausteinen neue Wörter zaubern

essen	geben
fallen	steigen
bleiben	arbeiten
stellen	denken

1. Setze mündlich auf und aus
   mit den Tuwörtern vom Rand zusammen!
2. Welche der entstandenen Wörter kennst du?
   Schreibe sie auf: *aufessen, ...*
3. Sprecht über den Unterschied zwischen
   essen und aufessen, ...
4. Welche Tuwörter passen noch zu den
   Wortbausteinen auf und aus ?
   Schlage im Wörterbuch nach und schreibe
   zehn solcher Wörter auf:
   aufbewahren, ...

> Wortbausteine verändern die Bedeutung eines Tuwortes:
> essen – auf essen, ...

B Zusammengesetzte Tuwörter

einschlafen, ansprechen, ausgehen, hinstellen,
herbringen, hinlaufen, aufpassen, zufallen,
vorgeben, ausmachen

5. Schreibe die Tuwörter ab und unterstreiche
   die Wortbausteine!
6. Schlage die Wörter in deinem Wörterbuch nach!
   Schreibe so: *einschlafen – ein, schlafen, ...*
7. Welche Wörter hast du im Wörterbuch nicht
   gleich gefunden? Wo suchst du sie nun?
8. Schreibe sie so auf:
   ansprechen   – ich spreche an
   aus ...   – ...

> Nicht alle zusammengesetzten Tuwörter stehen im Wörterbuch. Wenn du ein zusammengesetztes Tuwort nicht findest (z. B. ansprechen), suche das Tuwort ohne den Wortbaustein: sprechen, ...

C Diktat: Vorher Lernwörter üben (wie Seite 11)!

Spielzeit
Petra freut sich schon. Wenn sie mit den Schularbeiten fertig ist, geht sie zu Julia. Ihre Freundin hat viele Spielsachen. Zwei Stunden spielen sie mit ihren Autos, Puppen und Stofftieren.

arbeiten	Schul-
Auto	arbeiten
fertig	sich freuen
ihre	Stoff
Puppe	Stunde
Sachen	Tier
schon	

Dein Körper

Darstellendes Spiel; Tuwörter; Sätze

A Mit den Augen …

Mit unseren Sinnen können wir viel erleben.

1. Spielt ein Ohrenspiel: Schließt die Augen und verlasst euch ganz auf eure Ohren!
2. Spielt ein Augenspiel: Halte deine Ohren zu und errate, was deine Partnerin (dein Partner) singt, spricht, …
3. Sehen, laufen, hören, denken, gehen, fühlen, schmecken, riechen, kaufen, sitzen:
   Was kannst du mit deinen Augen, mit den Ohren, mit der Zunge, mit der Nase, mit den Fingern?
   Vorsicht: nur fünf Wörter sind richtig!
4. Schreibe Sätze auf:
   Mit meinen Augen kann ich …
   Mit …
5. Malt Sinnenmenschen und schreibt:
   Ohri hat riesige Ohren.
   Nasi hat eine …
   Tasti hat … Hände und F__
   …

Tuwörter sagen uns, was Menschen tun.
Tuwörter schreiben wir mit **kleinen** Anfangsbuchstaben.

Textaufbau; Reihenfolge

A Zum Frühstück Quarkmüsli

Du brauchst:
zwei Esslöffel Quark, Milch, zwei Esslöffel Haferflocken,
einen Esslöffel Honig oder Zucker oder Marmelade.

- Alles gut durchmischen.
- Quark, Milch und Honig glatt rühren.
- Die anderen Zutaten hinzufügen.

1. Lies das Rezept genau!
   Da stimmt doch etwas nicht!
2. Schreibe die Anleitung in der richtigen
   Reihenfolge auf!

B Gemüsespießchen

Du brauchst:
Viele verschiedene Gemüsesorten,
rote und grüne Paprika, Karotten, Gurken,
Kohlrabi, ...
Als Boden: einen Würfel Käse oder
ein Stückchen Vollkornbrot.
Und dann brauchst du noch Holzspießchen,
ein Brett und ein Küchenmesser.
Viel Spaß bei der Zubereitung.
Guten Appetit!

3. Denkt euch zusammen das Rezept aus!
4. Schreibe das Rezept auf!
   Achte auf die Reihenfolge!
5. Obst und Gemüse sind gesünder als manche
   anderen Nahrungsmittel.
   Sammle Obst- und Gemüserezepte
   und bringe sie mit zur Schule!

Dein Körper

Sätze zuordnen; Textaufbau; Ausrufesätze; Ausrufezeichen

A Nina ist krank

Als Nina einmal krank war, malte sie drei Bilder und schrieb zu jedem Bild etwas:

A) Ich musste Tropfen und Tabletten einnehmen.

B) Bald ging es mir etwas besser.
Ich bastelte Tiere für einen Zoo.

C) Gleich am ersten Tag kam der Arzt.
Er fühlte den Puls.
Er hörte Brust und Rücken ab.
Ich hatte Masern.

1. Welcher Text passt zu welchem Bild?
2. Ordne die Bilder und Texte!
   Schreibe die Geschichte in der richtigen Reihenfolge auf!
3. Erzähle oder schreibe:
   Als ich einmal krank war

B Tina besucht Nina

„Toll, diese Bilder!"
„Schön, dass du kommst!"
„Bist du aber blass!"
„Ist das langweilig, so allein!"

4. Was ruft Nina, was ruft Tina?
   Schreibe die Sätze so auf:
   Nina: „Es ist schön, ..."
   Tina: „Du ..."
   Denke an die Ausrufezeichen!
5. Schreibe diese Sätze richtig auf:
   „Pfui, morgen darf ich aufstehen!"
   „Toll, sind die Tropfen bitter!"
   „Mist, ich bin wieder gesund!"
   „Hurra, ich habe den Ausflug verpasst!"

Gefühle können wir durch **Ausrufesätze** ausdrücken. Nach einem **Ausrufesatz** steht ein **Ausrufezeichen**.

Fragesätze; Fragezeichen; Punkt; Aussagesätze

A Stefan fragt viel

Sabine kommt vom Zahnarzt.
Ihr Bruder fragt:
„Hast du lange warten müssen?"
„Hat er gebohrt?" „Hat es wehgetan?"
„Wann musst du wieder hin?"
„Warum lachst du?"

Hier sind Sabines Antworten:
„Weil du so viel fragst."
„In einem halben Jahr."
„Fast eine Stunde."
„Ja, aber nicht lange."
„Nein, er war sehr vorsichtig."

1. Wie passen die Fragen und Antworten zusammen?
   Schreibe so auf:
   Stefan: „Hast du lange warten müssen?"
   Sabine: „Fast eine ..."
2. Schreibe noch vier Fragen und Antworten mit diesen Wörtern auf (Fragezeichen nicht vergessen!):
   eine Spange bekommen,
   Löcher in den Zähnen,
   das Zahnfleisch blutet,
   dreimal täglich die Zähne putzen.
3. Schreibe einen anderen Fragesatz auf, dein Nachbar beantwortet ihn!
4. Nun wird umgekehrt gespielt.

> Wir wollen etwas wissen.
> Wir fragen mit **Fragesätzen**.
> Nach einem **Fragesatz** steht ein **Fragezeichen**.
>
> ?

B Fragezeichen oder Punkt?

<u>Im Wartezimmer</u>

Sabine sitzt beim Zahnarzt im Wartezimmer ▪
Sie fragt die Helferin: „Komme ich bald dran ▪
Um vier Uhr muss ich in der Musikschule sein ▪ "
Die Helferin antwortet: „Wartest du schon lange ▪
Du musst noch etwas Geduld haben ▪ "

5. Schreibe den Text ab!
   Setze die fehlenden Fragezeichen und Punkte ein!

Dein Körper

Artikulation; St/st; Sp/sp

A Jan aus Hamburg

Jan ist neu in der Klasse. Er spricht ganz anders und sagt zum Beispiel: s-teigen, S-turm, S-tuhl. Die Kinder wundern sich, weil das für sie komisch klingt. Aber beim Diktat hat Jan es leichter, oder?

1. Wie spricht Jan, wie sprecht ihr die Wörter?

B Wir üben gemeinsam: Wörter mit Ⓢⓣ/Ⓢⓣ

Stern, Stuhl, Stunde, Straße, Stimme, Stück, Stall, Stein, Stadt, Stelle, Stoff, steigen, stehen, stellen

2. Schreibe die Wörter ab!
   Setze den richtigen Begleiter davor!
   Kreise Ⓢⓣ/Ⓢⓣ ein:
   der Ⓢⓣern, der Ⓢⓣuhl, die Ⓢⓣunde, …
3. Lies die Wörter deutlich vor!
4. Im Wörterbuch findest du noch mehr Wörter mit Ⓢⓣ oder Ⓢⓣ.
   Schreibe fünf Namenwörter und fünf Tuwörter daraus auf!

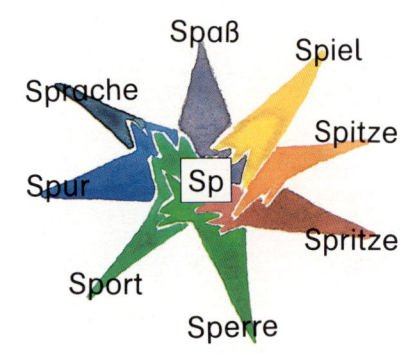

C Spiel und Spaß – Wörter mit Sp / sp

Spaß, Spiel, Spitze, Spritze, Sperre, Sport, Spur, Sprache

5. Sprich die Wörter aus den Wortsternen deutlich aus!
6. Schreibe die Namenwörter mit Begleitern auf!
7. Wie heißen die Tuwörter mit sp?
   Schreibe sie auch auf!
8. In der Wörterliste findest du noch ein Wort mit sp.
   Schreibe es auf!
9. Suche im Wörterbuch noch fünf Wörter mit Sp und fünf mit sp!
   Schreibe sie auf!

springen, spritzen, sparen, spinnen, spicken, sprechen, sprudeln, spielen, spotten, spitzen

Artikulation; b, d, g im Anlaut und Inlaut; Wörterdiktat

A Was passiert?

1. Halte ein Blatt Papier vor den Mund!
   Beobachte das Blatt, wenn du b und p,
   d und t, g und k sagst.
   Was passiert?
   Welche Buchstaben klingen weich?
   Welche klingen hart?
2. Findest du in der Wörterliste
   alle Wörter mit B/b, D/d, G/g am Anfang?
   Lies sie und sprich sie leise, aber deutlich!
3. Diktiere deinem Nachbarn fünf Wörter mit B/b,
   fünf Wörter mit D/d und fünf mit G/g!
4. Vergleiche mit dem Buch!
   Verbessere Fehler!

Blaukraut bleibt Blaukraut, Brautkleid bleibt Brautkleid.

B Brich dir nicht die Zunge

5. Sprich deutlich!
   Achte dabei besonders auf den Wortanfang!
6. Suche im Lesebuch Zungenbrecher
   mit b, d, g!
   Schreibe sie auf!

*Bürsten Bürsten
mit dicken Borsten
besser als Bürsten
mit dünnen Borsten?*

C Was fehlt: b, d oder g?

ha _ en, fin _ en, sa _ en, ge _ en, Er _ e, fra _ en,
lie _ en, wer _ en, tra _ en, ü _ en, ge _ en, zei _ en

7. Suche die fehlenden Buchstaben!
   Sprich die Wörter deutlich!
8. Schreibe die Wörter auf!

Dein Körper

p, t, k im Anlaut und Inlaut

A Harte Laute sprechen und schreiben

fassen – p_____   Schatz – Pl_____
Kreis   – Pr_____   Suppe – P_____
mag   – T_____   vier   – T_____
Fisch   – T_____   fragen – tr_____
Wind   – K_____   Topf   – K_____
laufen – k_____   Tatze – K_____

1. Sprich die Reimwörter deutlich aus!
2. Schreibe die Wörter auf: *fassen – passen, ...*

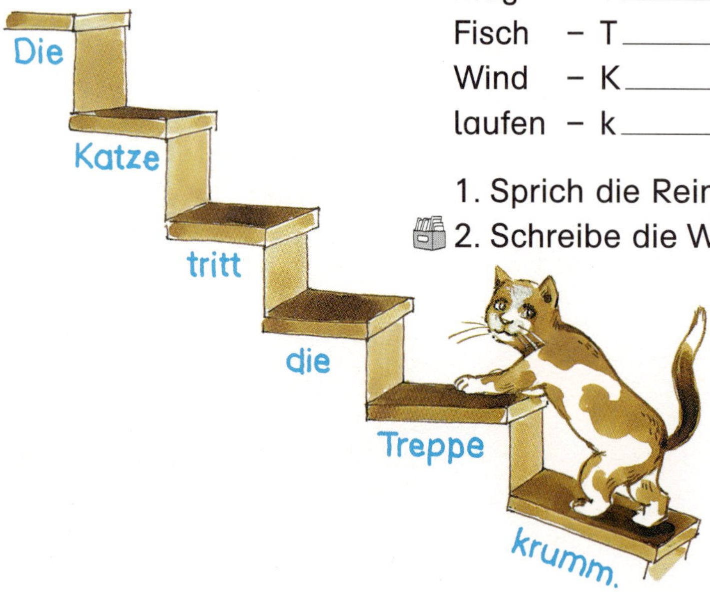

Die
Katze
tritt
die
Treppe
krumm.

B Was fehlt: k, p oder t?

A_ril, Va_er, Pa_ier, heu_e, dan_en, ra_en,
den_en, Me_er, Se_tember, tre_en, ges_ern,
Pa_et, war_en, dun_el, kos_en, Sei_e, Do_tor

3. Suche die fehlenden Buchstaben!
   Sprich sie deutlich!
4. Schreibe die Wörter auf!
   Prüfe mit dem Wörterbuch, ob du alles richtig hast!
5. Suche in der Wörterliste je fünf Wörter mit K/k, P/p, T/t am Anfang!
   Lies sie, sprich sie leise, aber deutlich!
   Schreibe sie auf!
6. Partnerarbeit: Diktiert euch je fünf Wörter aus Aufgabe 3!
   Prüft gegenseitig, ob ihr alles richtig habt!

Selbstlaute; Mitlaute; Umlaute; Diktat

A Aus a wird ä – aus ä wird a

Hand – H_nde	Bänke – B_nk
Mann – M_nner	Wände – W_nd
Blatt – Bl_tter	Wälder – W_ld

1. Schreibe die Wortpaare auf:
   eine Hand – zwei ...
2. Überprüft gemeinsam:
   Was wird aus o und u in der Mehrzahl?

B Aus Schlaf wird Schaf

der Schlaf – *das Schaf*	der Knopf – der K___
der Spatz – der S___	die Klasse – die K___
das Glas – das G___	der Schlüssel – die Sch___

3. Lasse immer einen Buchstaben weg!
   Schreibe die Wörter auf!
4. Hast du die neuen Wörter richtig geschrieben?
   Schlage in der Wörterliste nach!

C Aus Ast wird Mast

der Ast – *der Mast*	der Ort – das W___
der Reis – der P___	und – der M___
er ist – du b___	der Latz – der P___

5. Setze immer einen Buchstaben dazu!
   Schreibe so: *der Ast – der Mast, der ...*
6. Schlage die neuen Wörter im Wörterbuch nach!

D Diktat: Vorher Lernwörter üben (wie S. 11)!

Glück gehabt
Kevin läuft über den Schulhof. Da fällt er hin.
Sein Bein ist aufgeschlagen, aber es blutet
nur leicht. Ein Freund hilft Kevin
und bringt ihn in die Klasse.

Bein	Glück
bluten	haben
blutet	helfen
bringen	schlagen
bringt	Schulhof
fallen	Hof

Umweltschutz macht Spaß!

nach Vorgaben erzählen, fabulieren, schreiben

① ② ③
④ ⑤ ⑥

Pflanzen – Frau – Blumentopf – Mülleimer werfen
Junge – finden
nach Hause – bringen
gießen – düngen
ans Licht stellen
wachsen – schenken

A Nicht so viel wegwerfen!

1. Erzähle die Geschichte!
2. Schreibe zu jedem Bild einen Satz!
3. Suche eine passende Überschrift aus:
   Die Pflanze
   Gut gepflegt
   Wer hätte das gedacht?
   Im Mülleimer gelandet ...
   Du kannst dir auch eine eigene Überschrift ausdenken.
4. Was könnte beim Sperrmüll landen, manchem aber noch eine Freude machen? Denk dir eine Geschichte aus! Erzähle, male und schreibe!

Wörter ordnen; bitten

A Zu viel Müll

1. Was entdeckst du alles in dem Abfallkorb?
2. Was tut ihr in der Schule, damit eure Mülltonne oder euer Abfallkorb nicht so aussieht?
3. Sortiert den Müll:
   Glas: Flaschen, Gläser, …
   Pflanzenabfälle: Stängel, Zweige, …
   Papier, Pappe: Zeitungen, Verpackungen, …
   Kunststoff: Becher, …
   Metall: Verschlüsse, …
4. Was findet man noch im Müll?
   Ergänze die Liste aus Aufgabe 3!
5. Was tut ihr, damit es weniger Müll gibt?
   Sammelt Vorschläge und schreibt sie als Bitten auf:
   Bitte kauft Getränke nur in Pfandflaschen!
   oder
   Bitte kauft keine Getränke in Dosen oder Einwegflaschen!
   Denkt daran: Satzanfang groß, Ausrufezeichen am Satzende!

Umweltschutz macht Spaß!

Befehlssätze; Regeln

A Die Müllordnung

- verblühte Blumen, Laub, Obstschalen, Salatabfälle, Gemüseabfälle, … sammeln
- gekochte Speiseabfälle, Wurstreste in den Mülleimer werfen
- alte Kleider zur Altkleidersammlung geben
- Glas zum Container bringen, nicht vergessen: Metallverschlüsse vorher abschrauben
- Papier sammeln und in … stecken

Sammle …!
Bringe …!
Wirf …!
Gib …!
Vergiss …!
Sammle …!
Stecke …!

1. Schreibe Befehlssätze auf:
   Sammle verblühte …
   und bringe sie zum Komposthaufen!
   Wirf …

2. Stellt für eure Nachbarklasse eine Müllordnung auf! Überlegt zuerst:
   - Welcher Müll kann vermieden werden?
   - Was soll gesammelt werden?
   - Wohin wird das Material gebracht?
   - Woran muss man noch denken?

Befehlssätze haben am Ende ein **Ausrufezeichen!**

Verbote; Befehlssätze; Zeichen

A Schutzgebiete

1. Alle sollen sich in Schutzgebieten richtig verhalten.
   Schreibe Befehlssätze auf!
   So:
   Im Schutzgebiet
   Vermeide Lärm!
   Verunreinige … (Wirf …)
   Zünde …
   Pflücke …
   Denke an die Ausrufezeichen!

2. Wir wollen die Natur schützen.
   Alle helfen mit!
   Äste abbrechen – mit einem Ast in einem Ameisenhaufen stochern – Tiere jagen – miteinander sprechen – Krach machen – mit einem Stein nach Vögeln werfen –
   …
   Schreibe Befehlssätze!
   So: *Brecht keine …*

3. Welche Zeichen kennst du noch, die mit dem Umweltschutz zu tun haben?
   Du kannst sammeln, malen, ausschneiden, aufkleben oder schreiben.

Umweltschutz macht Spaß!

lange, kurze Selbstlaute; Mitlautverdopplung

Kasse, Kanne, Glas, geben, Schale, Gras, sammeln, Schaf, Pflanze, Salat, Schiff, Pappe

a, e, i, o, u sind **Selbstlaute**.

Nach einem kurzen betonten **Selbstlaut** folgt oft ein doppelter **Mitlaut**.

A Lange und kurz

1. Lies die Wörter laut!
   Welche Selbstlaute betonst du?
2. Schreibe die Wörter mit langem betontem Selbstlaut auf:
   Glas, …
   Kennzeichne den langen betonten Selbstlaut mit einem Strich:
   Glas, …
3. Schreibe die Wörter mit kurzem betontem Selbstlaut auf:
   Pappe, …
   Kennzeichne den kurzen betonten Selbstlaut mit einem Punkt:
   Pappe, …
4. Bilde vollständige Sätze mit sechs Wörtern!

B Reimwörter

lassen	essen	wann	fassen
T_____	m_____	d_____	p_____
sollen	voll	heller	Zimmer
w_____	s_____	T_____	i_____
Suppe	offen	Tasse	mitten
P_____	h_____	K_____	b_____
stimmt	nennen	kann	Fell
n_____	k_____	M_____	h_____
still	Butter	besser	Lippen
w_____	M_____	M_____	k_____

5. Schreibe die Reimpaare auf:
   lassen – Tassen, …
6. Kreise ff, ll, mm, nn, pp, rr, ss, tt grün ein!

Mitlautverdoppelung; Silbentrennung; Diktat

A Ein Reimgedicht

Weiße Pferde heißen Schimmel
und das Glöckchen nennt man Bimmel,
böse Buben schimpft man Lümmel,
in den Wirsing kommt der Kümmel.

Kriegt der Schimmel eine Bimmel
und der Lümmel einen Fimmel,
schreien alle laut zum Himmel,
Schluss mit diesem Wortgewimmel!

1. Schreibe die Reimpaare auf!
2. Versuche ein kleines Gedicht mit Reimpaaren von Seite 58 zu schreiben!

B Wörter trennen?

Freundinnen, hoffen, kann, Kasse, sollen, trennen, stellen, wissen, schneller, Kissen, fallen, heller, soll

3. Sprich deutlich, schwinge oder klatsche dazu!
4. Schreibe die Wörter nach Silben getrennt auf:
   Freun-din-nen, ...
5. Welche Wörter bleiben übrig? Schreibe sie auf!
6. Wie trennst du diese Wörter?
   Abend, aber, Efeu, eben, Esel, Igel, Idee, Ofen, oder, Ufer, üben, über!
   Trenne sie so:
   A-bend, a-ber, ...

> Wörter mit doppeltem Mitlaut kannst du oft so trennen:
> Schim-mel, hof-fen, ...

C Diktat: Vorher Lernwörter üben (wie S. 11)!

Rund um den Müll
Nicht alle Sachen kommen auf den Müll.
Wo kann man Papier abgeben?
Schaut nach, wo ihr Glas hinbringen könnt!
Das Brot kann man noch essen.
Nehmt es mit nach Hause!

Brot	Müll
das	nehmen
essen	nehmt
geben	nicht
Glas	Papier
Haus	schauen
ihr	schaut

Was wächst denn da?

nach Vorgaben schreiben; Sätze bilden; Ratespiel; Wiewörter

Blüten

Blätter

Wurzeln

A Pflanzen raten

1. Wer weiß, wie diese Pflanze heißt?
2. Wie sieht die Pflanze aus?
   Schreibe so: *Die Pflanze hat ...*
3. Jemand von euch beschreibt eine Pflanze, die anderen raten. Wer als Erster richtig rät, darf die nächste Pflanze beschreiben.
4. Blumen haben bunte Blüten.
   Manche sind rot, gelb, weiß, blau, ...
   Schreibe so:
   Das Fleißige Lieschen hat rote Blüten.
   Die Glockenblume hat ...
5. Schlage die Blumennamen nach!
   Verbessere die Fehler!

Textaufbau; Informationen auswerten, weitergeben; Notizen

Wie werden Grünlilien vermehrt?

- Triebe abschneiden
- Steckling ins Wasser geben
- warten, bis Wurzeln wachsen
- junge Pflanze in Blumentopf einsetzen

A Pflanzen vermehren

1. Lisa hat sich in der Schule aufgeschrieben, wie man Grünlilien vermehrt. Schreibe die Sätze von Lisas Zettel ab und ergänze die Lücken! Das Tafelbild oben hilft dir.
2. Wie zieht man andere Pflanzen? Erkundigt euch nach Geranien, Buntnesseln, … Notiert in Stichwörtern, was ihr erfahren habt!

Wie vermehre ich Grünlilien?

Ich __ einen Trieb ab.
Den Steckling __ ich ins Wasser, bis er __ bekommt.
Dann __ ich die junge Pflanze in einen __ ein.

B Pflanzen pflegen

Unsere Grünlilie braucht Pflege.
- BRAUCHT – GRÜNLILIE – DIE – LICHT
- AN – SIE – STELLEN – FENSTER – DAS – WIR
- GIESSEN – WIR – ZWEIMAL IN DER WOCHE – SIE

Achte auf:
- kurze Sätze,
- die richtige Reihenfolge.

3. Schreibe die drei Sätze richtig auf!
4. Wie pflegt man andere Pflanzen (Geranien, Fleißiges Lieschen oder …)? Schreibe eine Pflegeanleitung auf! Denke an folgende Stichwörter: Platz (sonnig, schattig, warm, kühl), gießen, düngen (häufig, selten, täglich, wöchentlich, wenig, oft).
5. Welche Pflanzen sucht ihr für eure Klasse aus? Warum?

Was wächst denn da?

Namenwörter; Wörter bilden; Informationen

A Ein Rätsel

Ich habe Zähne und keinen Mund.
Mein Stiel ist lang und hohl und rund.
Meine Blüten glänzen goldig fein.
Doch bald sind's Schirme mit Federlein.
Dran hängen und fliegen meine Samen.
Jetzt kennt ihr sicher meinen Namen.

1. Schreibe das Rätsel ab!
   Unterstreiche die Namenwörter!
2. Lerne das Rätsel auswendig!

B Was bedeuten die Namenwörter?

Sonnenblume, Fingerhut, Glockenblume,
Maiglöckchen, Schwertlilie, Feuerdorn,
Frauenschuh, Storchenschnabel

3. Die Namen haben immer etwas
   mit dem Aussehen der Pflanzen zu tun.
   Was sagen dir die Namenwörter?
   Versuche sie zu erklären und schreibe so:
   *Die Blüten der Sonnenblume
   sehen aus wie eine Sonne.
   Der Fingerhut ...
   ...*

4. Schreibe die Namenwörter
   mit dem bestimmten Begleiter auf:
   *die Sonnenblume,
   der ...*

5. Jeder der Blumennamen besteht
   aus zwei Namenwörtern.
   Zerlege die zusammengesetzten
   Namenwörter:
   *die Sonnenblume – die Sonne, die Blume,
   ...*

Pflanzen haben Namen:
Sonnenblume.
Namenwörter schreiben
wir mit **großen
Anfangsbuchstaben.**

Aus zwei Namenwörtern
kann man ein neues
bilden: Sonne,
Blume – Sonnenblume
Es heißt **zusammenge-
setztes Namenwort.**

Lass die Blumen stehen
und bitte auch den Strauch!
Andere, die sie sehen,
freuen sich darüber auch.

Namenwörter; Alphabet

A Ein Pflanzenbuch

Lisa hat Bilder von Pflanzen gesammelt und aufgeklebt. Die Seiten hat sie dann gelocht und in ein Ringbuch gelegt. Darin hat sie die Pflanzen nach dem ABC geordnet. Lisa hat ihr Album in drei Gruppen geteilt:
Von A – I, von J – Q und von R – Z.

1. Welche Buchstaben gehören zwischen A und I, welche zwischen J und Q und welche zwischen R und Z?
   Schreibe sie in dein Heft!
2. Schreibe das Alphabet auswendig in großen und kleinen Buchstaben auf!

B Bäume und Pflanzen ordnen

Flieder, Narzisse, Birnbaum, Stiefmütterchen, Rose, Wicke, Maiglöckchen, Apfelbaum, Zittergras, Kastanie, Löwenzahn, Christrose, Tulpe, Dahlie, Ulme, Iris, Quitte, Osterglocke, Efeu, Haselnussstrauch, Petersilie, Veilchen, Gänseblümchen, Jasmin

3. Schau dir die Bäume und Pflanzen in einem Lexikon an!
4. Schreibe die Namen mit dem bestimmten Begleiter zu den richtigen Gruppen in dein Heft! Ordne sie nach dem Alphabet!

Gruppe 1	**Gruppe 2**	**Gruppe 3**
ABCDEFGHI	**JKLMNOPQ**	**RSTUVWXYZ**
der Flieder	die Narzisse	…

5. Schreibe ein ABC mit Bäumen und Pflanzen:
   der Apfelbaum, der Birnbaum …
   Male dazu!

Was wächst denn da?

Silbentrennung; auswendig lernen; Schmuckblatt

A Viele Blumen

Maiglöckchen		
Mai-	glöck-	chen

Gänseblümchen

Storchenschnabel

Sonnenblume

Stiefmütterchen

1. Sprich, schwinge oder klatsche dazu!
2. Zerlege die Namenwörter in Silben!
   Schreibe so in dein Heft:
   Mai-glöck-chen, ...
3. Suche und zerlege noch fünf Blumennamen!

B Silbenrätsel

Findest du die Namen der Frühlingsblumen?
Du musst nur die richtigen Silben in den Blüten zusammensetzen.

4. Schreibe die Blumennamen mit Begleiter auf!
   Es sind acht.
5. Denke dir selbst ein Pflanzensilbenrätsel aus!

Silben: Schnee, Tul, Busch, chen, Schlüs, Gän, Nar, kus, Pri, me, wind, glöck, blüm, zis, sel, Kro, mel, rös, blu, se, se, chen, chen, pe

Wiewörter; Diktat

A Bunte Blumenpracht

Im Garten wachsen ▓ Schlüsselblumen,
▓ Glockenblumen, ▓ Stiefmütterchen,
▓ Krokusse, ▓ Tulpen.
rote, weiße, gelbe, blaue, gelbe

1. Setze die treffenden Wiewörter ein!

B Ein Frühlingsgedicht

Bald

Die Zwiebel spürt voraus
die warme Zeit,
auch wenn es drauß'
noch schneit.

In ein paar Wochen
ist's so weit,
da wird es aufgebrochen,
ihr Schalenkleid.

Aus brauner Erde stößt
ein spitzes Grün.
Die Tulpe ist erlöst.
Sie wird erblühn.

Alfons Schweiggert

2. Auf welche Frühlingsblume könnte das Gedicht auch passen?
3. Schreibe das Gedicht ab! Schmücke das Blatt!
4. Lerne es Strophe für Strophe auswendig!

C Diktat: Vorher Lernwörter üben (wie S. 11)!

Viele Blumen
Beate bringt ihrer Mutter oft Blumen.
Selten kauft sie die Blumen. Lieber malt Beate
sie auf ein Blatt Papier. Das Bild gibt sie
ihrer Mutter und sagt: „Ich habe dich lieb."
Dann freut sich die Mutti und dankt Beate.

Bild	gibt
Blatt	lieber
Blume	lieb
danken	Mutter
dann	oft

Wir basteln, lesen und spielen

Textaufbau; Informationen

A Wir falten einen Flieger

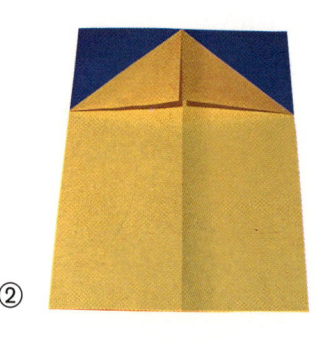

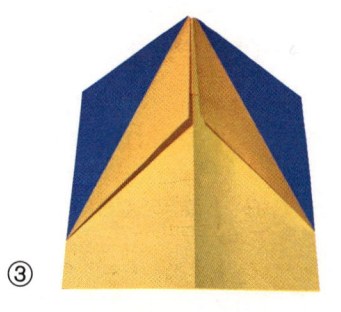

① ② ③

Material:
ein Blatt Papier, so groß wie eine Heftseite (DIN A 4)

Das tun wir:
① Papier in der Mitte der Länge nach falten
② Beide Ecken bis zur Mitte einbiegen und falten
③ Beide Ecken nochmals bis zur Mitte einbiegen und falten
④ Beide Ecken zum dritten Mal bis zur Mitte einbiegen und falten
⑤ Papier umdrehen
⑥ In der Mitte in die andere Richtung falten und Flügel hochklappen

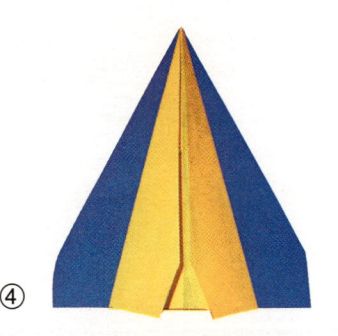

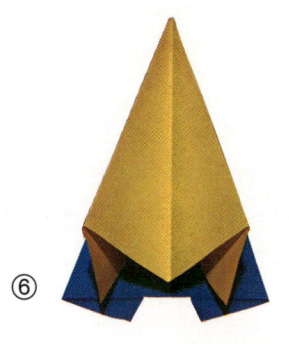

④ ⑤ ⑥

1. Erkläre den anderen Kindern,
   wie du deinen Papierflieger bastelst!
2. Schreibe die Bastelanleitung in Sätzen auf!
   Für den Flieger brauche ich ein Stück Papier.
   Es soll so groß sein wie eine große Heftseite.
   Zuerst falte ich das Papier in der Mitte der Länge nach.
   Danach… Nun… Als Nächstes…
   Jetzt… Zum Schluss…

Textaufbau; Informationen

A Überall ist Luft

Auf dem Küchentisch, im Schrank,
zwischen den Seiten eines Buches, im Sand,
ja sogar im Wasser – überall ist Luft.

Wir können sie nicht sehen, aber sie umgibt uns
ständig. Spüren können wir sie nur, wenn sie sich
bewegt, als Luftzug, als Wind oder als Sturm.

Menschen, Tiere und Pflanzen brauchen die Luft
zum Atmen. Ohne Luft gäbe es kein Leben
auf der Erde.

Luft ist sogar in einem Glas, das leer aussieht.

In der Mitte ein Loch lassen.

B Der Versuch

Material:
Glas, Trichter, Knete, Wasser.
(Wir haben das Wasser für das Foto gefärbt).

Das tust du:
a) Knete auf den Rand des Glases drücken
b) Trichter in das Loch stecken, mehr Knete
   zwischen Trichter und Glasrand drücken
c) Wasser in den Trichter gießen

1. Was passiert?
2. Was geschieht, wenn du ein Loch
   in die Knete bohrst?
3. Schreibe die Anleitung in Sätzen auf:
   *Für den Versuch brauche ich ein Glas.
   Zuerst drücke ich … Dann … Danach …
   Zuletzt …*
4. Sprecht über eure Texte!
   Habt ihr alle das gleiche geschrieben?

Die Öffnung muss gut verschlossen sein.

Gieße Wasser in den Trichter.

Wir basteln, lesen und spielen

Ratespiel; fragen, antworten; erzählen; -chen, -lein

A Fragen und Antworten aus Märchen

- Spieglein, Spieglein an der Wand, wer ist die Schönste im ganzen Land?
- Großmutter, was hast du für große Ohren?
- Was gibst du mir, wenn ich dir das Stroh zu Gold spinne?

▪ Damit ich dich besser hören kann.
▪ Meinen Ring vom Finger.
▪ Frau Königin, Ihr seid die Schönste im Land.

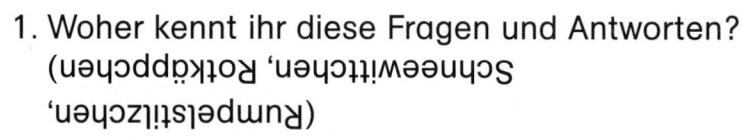

1. Woher kennt ihr diese Fragen und Antworten?
   (Rumpelstilzchen, Schneewittchen, Rotkäppchen)
2. Welche Märchen kennst du? Schreibe auf, wie sie heißen!
3. Spielt in Gruppen eine Szene aus einem Märchen! Eure Mitschüler sollen es erraten!

B Noch ein Märchen

In dem Zimmer stand ein Tisch.
Darauf waren: sieben Teller, sieben Löffel, sieben Messer und sieben Gabeln.
Und nebenan standen sieben Betten.

4. Aus welchem Märchen könnte der Text sein?
5. Schreibe wie im Märchen:
   In dem Zimmerchen stand ein Tischchen. Darauf ...
   Du kannst auch ⟨lein⟩ verwenden.

> Die Wortbausteine -chen und -lein zaubern alles klein.

nach Vorgaben erzählen und schreiben

A Vom dicken, fetten Pfannkuchen

Es waren einmal drei alte Weiber, die wollten gern einen Pfannkuchen essen. Die Erste gab ein Ei dazu, die Zweite Milch, die Dritte Fett und Mehl.
Und sie backten einen dicken, fetten Pfannkuchen. Als er fertig war, richtete er sich in der Pfanne auf, sprang vom Herd und rannte hinaus.
Er lief immer weiter, kantipper, kantapper, in den Wald hinein. Da begegnete ihm ein Häschen und rief: „Dicker, fetter Pfannkuchen, bleib stehn, ich will dich fressen!"
Der Pfannkuchen aber antwortete: „Ich bin drei alten Weibern weggelaufen und sollte dir, Häschen Wippeschwanz, nicht weglaufen?"
Und lief, kantipper, kantapper, in den Wald hinein.
Da kam ein Schwein dahergerannt und grunzte: „Dicker, fetter Pfannkuchen, bleib stehn, ich will dich fressen!" Der Pfannkuchen aber antwortete: „Ich bin drei alten Weibern weggelaufen, dem Häschen Wippeschwanz und sollte dir, Schwein Kringelschwanz, nicht weglaufen?"
Und lief, kantipper, kantapper, in den Wald hinein.
Da kamen drei Kinder daher, die hatten keinen Vater und keine Mutter mehr, und sie sprachen: „Bitte, lieber Pfannkuchen, bleib stehn!
Wir haben den ganzen Tag noch nichts gegessen!"

nach Brüder Grimm

1. Wie geht die Geschichte wohl aus?
2. Erzähle die ganze Geschichte!
3. Welche Sätze aus der Geschichte gehören zu den Bildern? Suche sie heraus!
4. Schreibe zu jedem Bild zwei Sätze auf!

Wir basteln, lesen und spielen

Textaufbau; nach Vorgaben schreiben

A So ein Pech!

1. Erzähle!
2. So ein Pech!
   Was sagen die Damen wohl dazu?
3. Die Kinder haben keinen Federball mehr.
   Was nun? Sie gehen hinüber und klingeln,
   weil sie ihren Federball wiederhaben wollen.
   Was sagen die Kinder?
   Spielt das Ende vor!
4. Schreibe die ganze Geschichte auf!

erzählen

A Das Geschichtennetz

Sandra hat ein Wollknäuel in der Hand.
Sie sagt den ersten Satz der Geschichte.

„Es war einmal ein Mädchen."

Sandra behält das Ende des Wollfadens
in der Hand.
Das Knäuel wirft sie zu Kevin.
Kevin fängt auf und sagt:

„Das Mädchen hatte niemanden mehr,
nur ihren Hund."

Kevin hält den abgewickelten Wollfaden fest
und wirft das Knäuel zu Lisa.
Lisa sagt:

„Der Hund hieß Arko und er war
ein sehr kluges Tier."

Lisa wirft das Knäuel zum nächsten Kind.
Jedes behält den abgewickelten Faden
bis zum Ende der Geschichte in der Hand,
daraus wird zum Schluss ein großes …

(Lösung: Spinnennetz)

1. Spielt die Geschichte weiter!
2. Denkt euch eigene Wollknäuel-Geschichten aus!
   Wie wäre es mit folgenden Anfängen?
   Es war einmal ein Zauberer …
   Es war einmal ein armer Fischer …
   Es war einmal ein kleiner Junge …
   Als wir heute im Garten spielten,
   entdeckten wir ein kleines grünes Männchen …
3. Nun habt ihr sicher noch viele andere Ideen.

Wir basteln, lesen und spielen

Wörter bilden; vorangestellte Wortbausteine

A Fußball im Radio

Der VfB kommt. Die Mannschaft spielt so gut wie schon lange nicht mehr.
Tor, Tor – nein, knapp vorbei.
Wenn der Heiko doch abgespielt hätte!
Andreas hätte er anspielen sollen, der stand ganz allein drüben auf der rechten Seite.

1. Schreibe den Text ab!
   Unterstreiche die Tuwörter,
   in denen das Wort „spielen" vorkommt!
2. Erkläre den Unterschied
   zwischen diesen Wörtern!
3. Welche Wortbausteine passen noch zu „spielen":

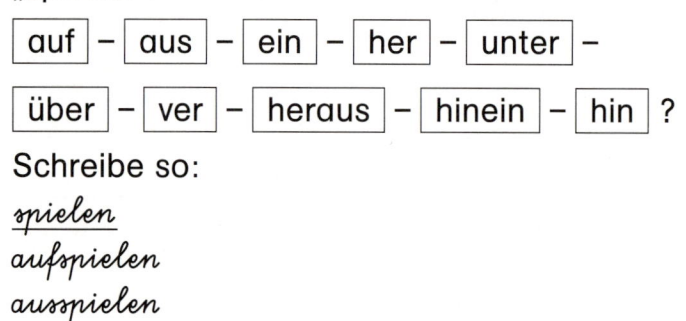

   auf – aus – ein – her – unter – über – ver – heraus – hinein – hin ?

   Schreibe so:
   spielen
   aufspielen
   ausspielen
   …

4. Setze die Wörter „sehen" und „kommen" mit den Wortbausteinen am Rand zusammen!
5. Welche Tuwörter mit „sehen" passen in die Lücken? Schreibe auf!
   - Ich will nicht mitspielen, ich will lieber ▢.
   - So geht das nicht, Tobias! Das musst du ▢.
   - Willst du wie deine Mutter ▢?
   - Ihr müsst euch ▢, sonst passiert noch etwas!

Wortbausteine am Rand: sehen, an, aus, zu, ein, her, vor, kommen, hin, heraus, ab, herein, auf, aus

Wolke: einsehen, vorsehen, zusehen, aussehen

> Wortbausteine verändern die Bedeutung eines **Tuwortes**.

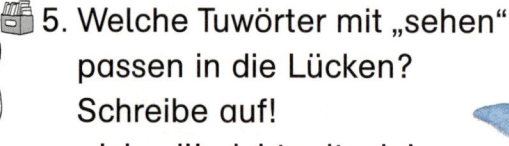

Darf ich noch Radio hören, bis ich einschlafe?

Ja, aber auf keinen Fall länger!

Wiewörter; Groß- und Kleinschreibung; Diktat

A Das Tastspiel

Verbinde dem Kind neben dir die Augen!
Dann legst du einige Gegenstände auf den Tisch.
Das Kind mit den verbundenen Augen fühlt
und rät.

1. Ordne so:
   leicht zu fühlen:
   Ball, …
   schwieriger zu fühlen:
   Anspitzer, Kreide, …
2. Wie fühlen sich die Dinge an?
   Schreibe Sätze mit Wiewörtern auf:
   Der Ball ist rund. D …
3. Schreibe auch so:
   der runde Ball, der spitze …

klein, rund, eng, hell, reich, kurz, dunkel, scharf, hart, rot, gelb, leer, eckig, offen, fremd, hoch, spitz, grün, stumpf, frisch, blau, groß, fest, weich, lang

B Diktat: Vorher Lernwörter üben (wie S. 11)!

Lisa erzählt
Heute treffen wir uns auf unserem Platz.
Jeder nimmt sein Rad mit oder kommt zu Fuß.
Dann spielen wir mit unseren Freundinnen
und Freunden Fußball. Am Abend müssen alle
nach Hause, bevor es zu dunkel wird.

am Abend	Rad
bevor	treffen
dort	trifft
dunkel	wird
Freundin	
Freundinnen	
Fluss	
kommt	
müssen	
nehmen	
nimmt	

Wir basteln, lesen und spielen

Mitlautverdopplung; Satzzeichen

A Im Flugzeug

Anna und Otto fliegen mit ihren Eltern zu Tante Ulla nach Amerika. Unterwegs spielen Anna und Otto „Reimwörter suchen". Einer sagt ein Wort, der andere nennt ein Reimwort.
Diese Wörter sind Anna und Otto eingefallen: Mutter, Puppe, Kasse, messen, hell, immer, essen, Butter, Zimmer, Himmel, bitten, Suppe, schnell, wann, Sonne, kann, passen, kommen, müssen, lassen, bellen, rollen, rennen, Sonntag, nennen, Schiff, hoffen, besser, sollen, passt, Riff, offen, mitten, stellen, Messer.

1. Spielt auch „Reimwörter suchen"!
2. Schreibe Annas und Ottos Reimwörter geordnet auf und unterstreiche die doppelten Mitlaute!
   So: _Mutter – Butter_, ...
3. Welche sieben Wörter bleiben übrig? Wer findet Reimwörter dazu?
4. Suche neue Wörter für das Spiel! Verwende die Wörterliste (Seite 107 – 111)!

B Nach der Landung

Tante Ulla und Onkel Hannes holen Anna und Otto um zwölf Uhr ab Mutter schaut zum Himmel: „Ihr habt ja ein tolles Wetter Bei uns hat die Sonne schon lange nicht mehr so geschienen" Anna nimmt ihre Puppe fest unter den Arm und die ganze Gruppe geht zum Mittagessen

5. Wohin kommen Punkte?
   Schreibe die Geschichte ab!
   Setze dabei die Punkte richtig ein!
6. Partnerdiktat: Prüft, ob ihr alles richtig habt!

Mitlautverdopplung; Silben; Diktat

A Bald ist wieder Reisezeit

Wir packen unseren Koffer nur mit Sachen, die einen doppelten Mitlaut in ihrem Namen haben: Pulli, Messer, Teller, Sonnenbrille, Kamm, Tasse, Löffel, Teddy, Schwamm, Ball, Kette.

1. Spielt das Spiel „Kofferpacken" im Sitzkreis!
2. Erkennst du die Purzelwörter in der Tasche? Schreibe sie mit dem bestimmten Begleiter auf:
   der Pulli, …
3. Unterstreiche die doppelten Mitlaute:
   der Pu__ll__i, …
4. Sprich die Silben, schwinge oder klatsche!

B Welche Wörter kannst du trennen?

kommen, rennen, offen, will, wollen, Sonne, Himmel, Wasser, messen, kann, fasst, treffen, essen, kennen, Bälle, Blätter, innen, fassen, Roller, bitten, bellen, können, Herren, schnell, alle, Mitte, Schiff, Zimmer, sollst, passt

5. Schreibe so auf:
   kom-men, …
6. Welche Wörter bleiben übrig? Schreibe sie auf!

C Diktat: Vorher Lernwörter üben (wie S. 11)!

Ein Nachmittag auf dem Spielplatz
Am Ende der Woche treffen sich die Kinder auf dem Spielplatz. Sie bauen im Sand und spielen mit Autos. Auf einmal fängt es an zu regnen. Alle stellen sich schnell unter. Hoffentlich hört es bald auf!

bald	hoffentlich
bauen	hören
einmal	hört
auf	Nachmittag
einmal	regnen
Ende	Sand
fangen	stellen
fängt	Woche

Zirkus, Zirkus

nach Vorgaben erzählen; fabulieren

Der kleine Stationsvorsteher und der Zirkuszug

Einmal fährt ein ganz besonderer Zug in die Bahnstation ein. Es ist ein Zug voller Tiere. In einem Wagen sitzen Affen. Sie tragen rote und blaue Jäckchen und schauen ernsthaft zum Fenster hinaus. In einem anderen Abteil hockt eine Eisbärenmama mit ihrem Eisbärenbaby. Da sind Ponys, Seehunde, Löwen, Tiger und Elefanten. Und ganz hinten, am Ende des Zuges, fährt eine Giraffe mit, die so groß ist, dass der kleine Stationsvorsteher den Kopf in den Nacken legen muss, um sie ganz zu sehen. „Guten Tag!", sagt ein regenbogenbunter Clown und springt aus seinem Wagen. „Wir sind ein

nach Vorgaben erzählen; fabulieren

Zirkus auf der Durchreise." Er läuft den Bahnsteig entlang und schaut nach seinen Tieren. „Alles in Ordnung!", ruft er. Doch anstatt nun das Abfahrtssignal für den Zug zu geben, macht der kleine Stationsvorsteher ein äußerst bedenkliches Gesicht. „Mit der Giraffe kommt ihr nicht unter der Brücke hindurch", meint er …

Gina Ruck-Pauquèt

1. Wie geht die Geschichte weiter?
2. Wer war noch im Zug?
   Das Zirkusplakat verrät es.

Zirkus, Zirkus

Informationen; erzählen; Fragen stellen

A In der Zirkusschule

Es ist Freitagabend. Ich bin in der Zirkusschule Peperoni. Keulen, Bälle, Ringe und Tücher fliegen durch die Luft. Kinder im Alter von 6-16 Jahren in bunten Kostümen sind mit Freude bei der Arbeit. Manche lassen Teller auf langen, dünnen Stäben kreisen und bauen waghalsige Pyramiden.

Zwischen ihnen das steppende Pferd, unter dem sich Katrin und Mura verbergen. Die beiden haben zusammen mit Cecile eine lustige Tiernummer einstudiert.

Toll, wie der elfjährige Erik die großen Keulen mal schneller, mal langsamer über seinen Kopf, hinter seinem Rücken und unter den Beinen durch die Luft wirbelt! Dafür hat er viele, viele Stunden gebraucht.

Viel Ausdauer und Übung benötigen auch Charlotte, 11 Jahre, und Rahel, 10 Jahre, die auf großen Kugeln laufen. Es ist schwer das Gleichgewicht zu halten.

1. Auf welchem Bild siehst du Erik?
   Wo sind Charlotte und Rahel?
   Und Katrin, Mura und Cecile?
2. Was siehst du noch auf den Bildern? Beschreibe!
3. Was interessiert dich an der Zirkusschule? Überlege dir Fragen und schreibe sie auf:
   Seit wann gibt es die Schule?
   Wie oft wird geübt?
   Auftritte, Vorstellungen, Applaus, Publikum, ...?
4. Wer von euch war schon im Zirkus? Erzähle darüber oder schreibe auf, wie es war!

Informationen; Fragesätze; Wörter umstellen

A Was fressen die Elefanten?

Kevin und Lisa sind im Zirkus. In der Pause eilen sie zur Tierschau. Sie wollen die zwölf Elefanten sehen. In einem großen Zelt stehen die Elefanten nebeneinander. Sie schaukeln hin und her. Jeder Elefant ist angebunden. Der Wärter füttert gerade das Elefantenkind. Kevin und Lisa schauen zu und fragen: Was fressen die Elefanten? Wie schwer ist der größte Elefant? Woher …? Wann …?

1. Was würdet ihr fragen? Spielt das Gespräch zwischen Kevin, Lisa und dem Wärter!
2. Ihr wollt sicher noch mehr wissen.
   Jeder schreibt seine Fragen auf. Denkt dabei auch an die Namen der Tiere, an den Abbau des Zirkus, die Reise zum nächsten Ort, an Krankheiten, an die Dressur …
3. Rahme die Fragezeichen farbig ein! ?

B Was hören Kevin und Lisa?

Die Löwen zischen. Die Bären keifen.
Die Schlangen wiehern. Die Pferde brüllen.
Die Affen fauchen. Und die Tiger brummen.

4. Stimmt das? Schreibe die Sätze richtig auf:
   Die Löwen brüllen. …
5. Schreibe nun auf farbige Wortkarten: Tuwörter auf rote, Namenwörter und Begleiter auf grüne!

   | DIE LÖWEN | BRÜLLEN |

C Fragesätze zaubern

6. Lege mit den Karten drei lustige Fragesätze!
   Dein Nachbar schreibt die Fragen richtig auf:
   Zischen die Löwen?
7. Dann legt er die Sätze und du schreibst!

   | ZISCHEN | DIE LÖWEN |

Zirkus, Zirkus

Endungen des Tuworts; Wörter bilden; Silbentrennung

A Die Dressur

Die Zirkusleute lehren ihre Tiere
allerhand Kunststücke:
- mit dem Schwanz wackeln
- einen Purzelbaum schlagen
- bis zehn zählen
- Geige spielen

1. Gestaltet ein lustiges Plakat
   und erklärt die Kunststücke der Zirkustiere!
   Schreibt so:
   Der Hund wackelt ...

B Was tun die Tiere?

Die Katze	grasen	Mäuse.
Der Hund	fliegen	die Katzen.
Die Kuh	verfolgen	auf der Wiese.
Der Vogel	fangen	durch die Luft.

2. Schreibe die Sätze richtig auf!
   Wie verändert sich das Tuwort?

C Wir verzaubern Tiere und Wörter

3. Aus eins mach zwei, aus zwei mach eins:
   *Elefant und Maus – die Elefantenmaus
   Löwe und Fisch – der ...*

4. Suche dir zwei Tiere und verzaubere sie!
   *Regenwurm, Eisbär – Regenbär – Eiswurm
   Nilpferd, Kohlmeise – ...*

5. Wir trennen nach Sprechsilben, schwingen
   oder klatschen dazu:
   *Kro-ko-dil und E-le-fant
   Ka-mel und Fla-min-go*

6. Dann fügen wir sie neu zusammen, sprechen,
   schwingen oder klatschen dazu:
   Krokofant und Eledil ...

Namenwörter; Buchstaben austauschen; Diktat

A Fastnacht der Tiere

Was machen die Tiere an Karneval?
Sie machen einen Faschingsball!
Wie das geht? Seht:
Der Hahn geht als Fliege,
die Fliege als _iege,
die Ziege als Löwe,
der Löwe als _öwe,
die Möwe als Laus,
die Laus als _aus,
die Maus als Katz,
die Katz als _atz,
der Spatz als Fuchs,
der Fuchs als _uchs,
der Luchs als Schwan,
der Schwan als _ahn –
jetzt geht der Ball von vorne an!

Brigitte Wächter

1. Schreibe ab und setze die richtigen Anfangsbuchstaben ein!
   Dein Partner prüft, ob alles richtig ist.

B Diktat: Vorher Lernwörter üben (wie S. 11)!

Die Tiere machen morgen ein Fest. Der Vogel zieht eine gelbe Hose an. Das Pferd kommt mit dem Rad. Der Hund trägt einen Ring im Ohr. Die kleine Maus spielt einen Mann. Sie will der Katze auf den Schwanz treten.

Fest	Pferd
gelb	Ring
Hose	tragen
Katze	trägt
machen	treten
Mann	ziehen
Ohr	zieht

Von der Zeit

erzählen; aufschreiben

A Jahreszeiten

Frühling	Sommer
Blumen …	…
…	…

Herbst	Winter
…	…
…	…

1. Erzähle, was die Bilder zeigen! Zu welcher Jahreszeit gehören die falschen Dinge?
2. Was machst du in den vier Jahreszeiten am liebsten?
   Lege eine Tabelle an und trage es ein!
3. Freibad   Schlitten   Äpfel   Schnee
   Drachen   Ostereier   Salat   Würstchen

   pflücken, fegen, pflanzen, grillen, gehen, steigen lassen, fahren, suchen, …

   Schreibe Sätze auf: *Im Frühling suchen wir …*

sich Informationen beschaffen, auswerten, weitergeben

A Der Kalender

Jedes Kind bringt von zu Hause einen Kalender mit. In der Klasse schaut ihr euch zusammen die verschiedenen Kalender an.

1. Schreibe die Monatsnamen der Reihe nach auf:
   Januar, Februar, ...
2. Schreibe den Monat, in dem du Geburtstag hast, besonders schön und verziere ihn!
3. Bastelt einen Geburtstagskalender für die ganze Klasse!

B Die Monate sind nicht alle gleich lang

4. Wie viele Tage haben die Monate?
   Der Kalender verrät es dir. Schreibe so auf:
   Der Januar hat 31 Tage.
   Der Februar hat ...
   Der März ...
5. Du kannst dir die Länge der Monate leicht mit der Knöchelregel merken:
   Berg heißt 31 Tage.
   Tal heißt ... Tage und im Februar ... Tage.
   31 Tage haben die Monate ...
   30 Tage haben die Monate ...
   28 Tage hat der Monat ...

C Aber die Wochen sind gleich lang

6. Wie viele Tage hat jede Woche?
7. Schreibe die Namen der Wochentage auf!
8. Tim sagt:
   Wir treffen uns heute in vierzehn Tagen.
   Im Fernsehen hören wir:
   Einsendeschluss Samstag in acht Tagen.
   Was ist damit gemeint?

Von der Zeit

Textaufbau; Sätze zuordnen; Darstellendes Spiel

Entschuldigen Sie bitte, ich habe ...

Herr ..., es tut mir leid, ich habe ...

Frau ..., ich möchte mich für ... entschuldigen.

A Kevins Tagesablauf

1. Die einzelnen Bilder sind vertauscht. Ordne sie! Die Uhren helfen dir.
2. Welcher Satz passt zu welchem Bild?
   a) Abendbrot gibt es um sechs Uhr.
   b) Seine Hausaufgaben macht er um halb drei.
   c) Um fünf Uhr früh schläft Kevin noch.
   d) Ab acht Uhr ist Kevin in der Schule und lernt.
   e) Um vier Uhr spielt er Fußball.
   f) Frühstück gibt es um halb acht Uhr.
3. Schreibe Kevins Tagesablauf richtig auf!
4. Kevin kommt zu spät zur Schule. Wie entschuldigt er sich? Spielt es!

nach Vorgaben schreiben; notieren; einladen; Darstellendes Spiel

A Nicht alle Tage sind gleich

Thomas hat am Montag viel zu tun.

1. Schreibe Thomas' Tagesablauf auf!
   Diese Wörter helfen dir:
   geht, singt, passt auf, flötet, putzt, liest.
   Schreibe so:
   *Um 8.00 Uhr geht Thomas
   in die Schule ...*
2. Wie war es letzten Montag bei dir?
   Erzähle!
3. Schreibe deinen Tagesablauf auf!
   Verwende auch diese Wörter:
   heute Abend, um zwölf Uhr
   (oder um 12.00 Uhr),
   am Nachmittag, am Abend,
   morgens, nach dem Mittagessen.
4. Kannst du auch eine Bildergeschichte
   dazu zeichnen?

B Der Kalender als Merkzettel

Kevin hat einiges vor.
Damit er nichts vergisst,
hat er alles in seinen
Kalender eingetragen.

5. Was will Kevin alles machen?
   Erzähle!
6. Schreibe in ganzen Sätzen auf! So:
   *Am 11. Januar will Kevin mit Linda
   in den Zirkus gehen.
   Am ...*
7. Mirko lädt Kevin ein. Er erzählt Kevin auch,
   was er an seinem Geburtstag alles vorhat.
   Spielt das Gespräch!

Januar

11. Montag	*Zirkus (mit Linda)*
12. Dienstag	
13. Mittwoch	*Kino (Tom und Jerry)*
14. Donnerstag	*Geburtstagseinladung bei Mirko*
15. Freitag	
16. Samstag	*Zoo (mit Lisa und Papa)*
17. Sonntag	*Eisbahn*

Von der Zeit

Notizen; Merkzettel; Tuwort; Grundform; Personalform

A Heute nicht vergessen

Lisa überlegt:
Meinen Schreibtisch sollte ich heute Abend wieder einmal aufräumen.
Zuerst muss ich aber Susanne anrufen.
Dann muss ich Maria dringend ihre Jacke zurückbringen.
Das Ostergeschenk für Kevin will ich auch noch basteln.
Damit er nicht ins Zimmer kommt,
hänge ich einfach einen Zettel an die Tür.
Am besten schreibe ich mir gleich alles auf,
damit ich nichts vergesse.
Und den Zettel für die Zimmertür kann ich ja auch schon schreiben.

- Susanne anrufen
- Jacke zurückbringen
- G. für K. basteln

1. Welche Tuwörter hat Lisa für ihre Gedanken gebraucht?
2. Lisa hat nicht alles notiert, was sie tun sollte. Schreibe auf, was fehlt!

> Für Notizen werden oft Tuwörter in der **Grundform** verwendet:
>
> anrufen, …
>
> Die Grundform erkennst du an dem Wortbaustein -en am Ende.

B Das muss noch erledigt werden!

Kevin	schreiben	ein Buch.
Anne	rufen	einen Brief.
Daniel	kaufen	Tina an.
Julia	lesen	Getränke ein.

3. Schreibe die Sätze richtig auf!

au, ei, eu

A Wörter mit au, ei und eu

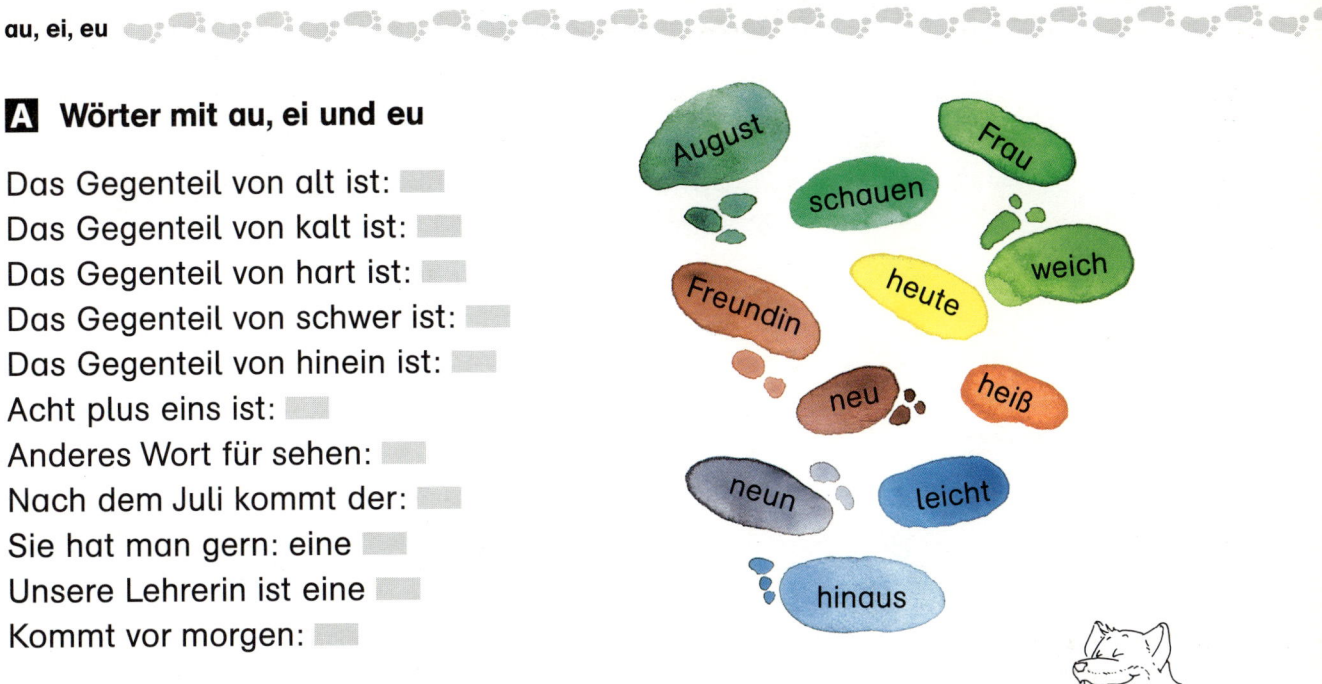

Das Gegenteil von alt ist:
Das Gegenteil von kalt ist:
Das Gegenteil von hart ist:
Das Gegenteil von schwer ist:
Das Gegenteil von hinein ist:
Acht plus eins ist:
Anderes Wort für sehen:
Nach dem Juli kommt der:
Sie hat man gern: eine
Unsere Lehrerin ist eine
Kommt vor morgen:

August, Frau, schauen, heute, weich, Freundin, neu, heiß, neun, leicht, hinaus

au, ei, eu sind **Doppellaute.**

1. Schreibe die gesuchten Wörter auf!
2. Welche Wörter reimen sich?
   Schreibe sie auf:
   laufen, tauchen, Raum, scheinen, Zaun, einen, teuer, Maus, Teich, bauen, Bein, grau, Heu, weiß, Leute, Seil, keins, zwei, reich, Bauch, raucht, mein, reist,
   kaufen, brauchen, Baum, braun, meinen, Feuer, keinen, blau, gleich, Haus, Frauen, heiß, neu, dein, heute, Teil, weich, drei, eins, auch, braucht, sein, meist.
3. Unterstreiche die Wortteile, die sich reimen!
   So:
   laufen – kaufen
4. Welche Wörter gehören zu den Bildern:
   Maus, Zaun, Frau, Auto, Bein, Daumen, August, Flugzeug, Baum, Zeit, Eis, Ei, Auge, Freund, Stein, Reifen, Seife?
   Schreibe sie mit den unbestimmten Begleitern auf:
   ein Auge,
   ein ...

Von der Zeit

kurze, lange Selbstlaute; ie

Hose

Tanne

Sonne

Kuchen

Bild

Besen

Weg

Buch

Kind

Die fünf **Selbstlaute** heißen **a, e, i, o, u**.

A Kurze und lange Selbstlaute ordnen

1. Sprich die Wörter vom Rand deutlich aus!
2. Achte auf den zweiten Buchstaben:
   Wo hörst du einen kurzen
   betonten Selbstlaut?
   Wo hörst du einen langen
   betonten Selbstlaut?
3. Schreibe die Wörter in eine Tabelle!
4. Suche in der Wörterliste (Seite 107–111)
   fünf Wörter mit kurzem
   betonten Selbstlaut
   und fünf Wörter mit langem
   betonten Selbstlaut!

B Wörter mit ie

5. Baue die Silben unten richtig zusammen
   und schreibe sie auf:
   fliegen, ...
6. Sprich die Silben, schwinge oder klatsche dazu:
   flie - gen, ...
7. Höre die Wörter ab: Wie klingt **ie**?

flie-	-ben
lie-	-fe
Brie-	-gen
wie-	-le
Spie-	-gen

spie-	-re
sie-	-se
Tie-	-gen
sie-	-len
Wie-	-ben

aa, ee, oo; Monatsnamen; Diktat

A Wörter mit aa, ee, oo

Nase, Schnee, Weg, Zoo, Not, leer, klar, Brot, Haare, Vogel, Boot, Meter, her, Waage, Meer, geben, Tag, Kaffee, paar, Tee

1. Wie klingen die betonten Selbstlaute?
2. Schreibe die Wörter mit aa, ee und oo auf! Ordne sie nach dem Alphabet!

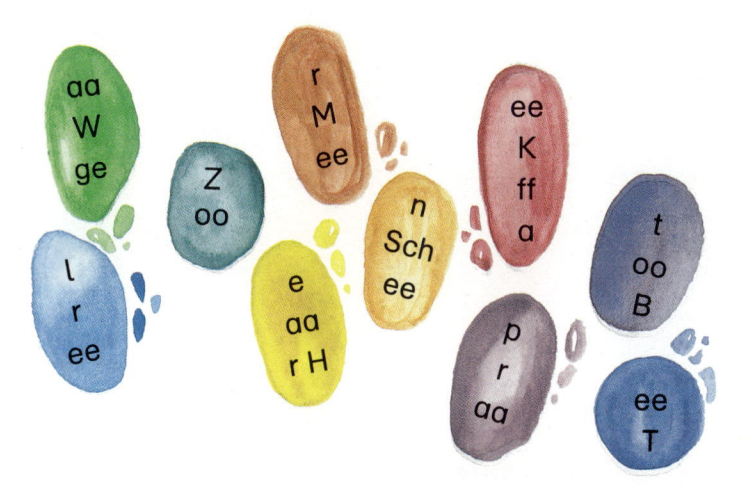

Purzelwörter (in Fußabdrücken):
- aa W ge
- l r ee
- Z oo
- r M ee
- e aa r H
- n Sch ee
- ee K ff a
- p r aa
- t oo B
- ee T

3. Erkennst du die Purzelwörter?
   Schreibe so:
   der Schnee, …

B Diktat: Vorher Lernwörter üben (wie S. 11)!

Monatsnamen
Lisa fragt Kevin: „Kennst du alle zwölf Monate?"
Kevin antwortet: „Ja, klar: Januar, März, April, Mai, Juni, Juli, August, September, Oktober, November, Dezember."
Lisa denkt mit und sagt: „Das waren nur elf."

Tafel:
April	klar
August	Mai
denken	März
denkt	Monat
Dezember	Monate
du	November
elf	Oktober
Januar	sagst
Juli	September
Juni	zwölf
kennen	
kennst	

Herbst

Handlungsablauf; Geschichten erfinden

A Ein schöner Traum

Der Wind blies und wehte den Drachen hoch in die Luft.

Ich stand auf der großen Wiese und ließ meinen Drachen steigen.

Plötzlich war ich auch in der Luft:
Der Drachen nahm mich mit!
Wir flogen …

Er stieg und stieg und stieg.

1. Bringe die Sätze in die richtige Reihenfolge!
2. Der Traum geht weiter:
   Denke dir eine Reise aus!
3. Erzählt eure Geschichten!
4. Schreibe deine Geschichten auf!
5. Male dazu!

Wiewörter; Sätze

A Bilder aus bunten Blättern

Die Kinder haben Blätter gesammelt
und Bilder geklebt.

1. Schreibe auf, welche Blätter die Kinder
   gesammelt haben!
   *Lisa hat einen Hasen geklebt.
   Dazu verwendete sie 2 längliche rote Blätter,
   1 gelbes Blatt, 1 großes, buntes, gezacktes
   Blatt, 8 schmale braune Blätter und
   1 kleines gelbes Blatt.*

B Herbsträtsel

- Es hängt am Ast. Im Sommer ist es grün. Im Herbst wird es braun, gelb oder rot und fällt ab.
- Er ist rot, rund und schmeckt gut.
- Sie ist gelb, saftig und süß.
- Sie wächst in der Erde und ist braun.

2. Findest du die Lösungswörter?
3. Denke dir weitere Herbsträtsel aus!
4. Sammelt Laub und Früchte! Wie sehen die Sachen aus (schmutzig, sauber, …)? Wie fühlen sie sich an (nass, trocken, rau, glatt, …)? Beschreibt dann, was ihr gesammelt habt!

rot   grau   grün   lila
weiß   gelb   rosa
braun   blau   orange
schwarz

lang
rundlich   gezackt
länglich   schmal   breit

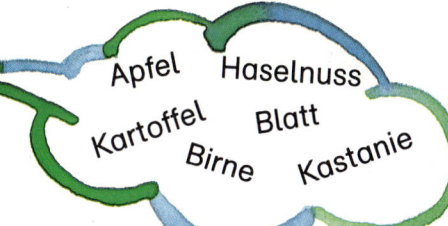

Apfel   Haselnuss
Kartoffel   Blatt
Birne   Kastanie

Weihnachten

erzählen, schreiben zu Bildfolge

① ② ③ ④

A Bald ist Weihnachten

① Jakob, Flocki, Wald, viel Schnee, bringen, Tiere, Futter
② Futterhäuschen, Heu, legen
③ gehen, wollen, gerade, nach Hause, sehen, zwei Rentiere
④ Schlitten, Nikolaus, Geschenke, fressen, zuschauen

1. Erzähle, was Jakob im Wald erlebt hat!
2. Schreibe Jakobs Geschichte auf! Du kannst die Wörter am Rand dazu benutzen: *Jakob geht mit Flocki* …
3. Wie könnte die Geschichte weitergehen? Schreibe sie zu Ende!
4. Erzählt, was ihr vom Nikolaus wisst!
5. Wie erlebt ihr den 6. Dezember? Steht ein Schuh vor der Tür, oder …?
6. Sammelt Gedichte über den Nikolaus!

Darstellendes Spiel; Einladung gestalten

A Ein Krippenspiel

Sprecher:
Maria und Josef haben in ganz Bethlehem
nach einer Unterkunft gesucht.
Überall wurden sie abgewiesen.
So fanden sie schließlich nur den Stall.
Und in diesem Stall brachte Maria Jesus zur Welt.

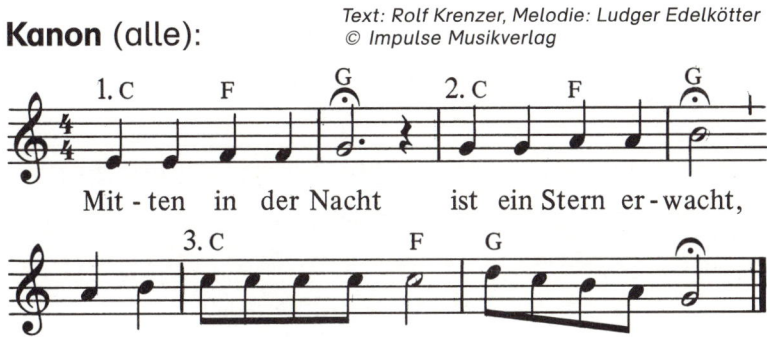

Kanon (alle):

Text: Rolf Krenzer, Melodie: Ludger Edelkötter
© Impulse Musikverlag

Mit - ten in der Nacht ist ein Stern er - wacht,
kün - det al - len, nah und fern, die Ge - burt des Herrn.

1. Überlegt gemeinsam, wie ihr ein Krippenspiel gestalten könnt: Lasst Maria und Josef, aber auch die verschiedenen Herbergsbesitzer und Wirte sprechen!
   Wer kommt zu Besuch in den Stall?
2. Schreibe deine Ideen zu Aufgabe 1 auf und lies sie der Klasse vor!
3. Sammelt Gedichte und Lieder!

B Eine Weihnachtsfeier

Am Freitag, dem 12. Dezember, will die Klasse 2b
eine Weihnachtsfeier im Musiksaal machen.
Beginn soll um 18 Uhr sein.
Die Kinder wollen ihre Eltern dazu einladen.

4. Schreibe die verbesserte Einladung auf ein Blatt! Prüfe: Schrift, Verzierungen, Datum, Ort, Zeit, Grüße, …

Liebe Eltern!
Wir laden euch zur Weihnachtsfeier ein.
Alle Kinder spielen mit.
Kommt bitte!
Die Klasse 2b

Weihnachten

Wünsche äußern; Wunschzettel schreiben

A Weihnachtswünsche

Bettina ist vier Jahre alt.
Aus einem Katalog hat sie ihre
Weihnachtswünsche ausgeschnitten.

1. Erzähle, was sich Bettina wünscht!
2. Erzähle von deinen Wünschen!
3. Es gibt auch Wünsche, die kein Geld kosten:
    Freunde finden, gesund bleiben,
    nette Lehrer, ...
    Erzähle darüber und schreibe auf,
    was dir dazu einfällt!
4. Frage auch die anderen nach ihren Wünschen!

B Wunschzettel

Evi ist Bettinas Schwester.
Sie geht schon in die zweite Klasse.
Zusammen schreiben sie den Wunschzettel.

5. Wie beginnst du deine Sätze,
    damit sie höflich und nicht fordernd klingen?
6. Schreibe Bettinas Wunschzettel!
7. Schreibe deinen eigenen Wunschzettel!

C Ein Schmuckblatt als Geschenk

Ihr sucht euch ein Gedicht aus.
Das schreibt ihr in Schönschrift auf ein großes Blatt.
Dann bemalt ihr das Blatt.
Das Gedicht könnt ihr auch auswendig lernen
und aufsagen.

Wunschzettel
Ich möchte gern...
Ich brauche...
Bitte bring mir...
Ich will... haben
Ich wünsche mir...

Textaufbau; Aussagesätze; Endungen von Tuwörtern

A Wir backen Plätzchen

- Im ![Backofen] werden sie gebacken.
- Mit ![Backformen] stechen wir die Plätzchen aus.
- Mit der ![Nudelholz] rollen wir den Teig aus.
- In der ![Schüssel] rühren wir Eier, Butter und Zucker an.
- Wir schütten Mehl dazu und kneten mit den ![Hände] einen Teig.

Dazu brauchen wir: Backformen, Backofen, Hände, Schüssel, Nudelholz.

1. Lies die Backanleitung!
2. Überlege: Was macht man zuerst?
   Danach… Dann… Als Nächstes…
   Zum Schluss…
3. Schreibe die Backanleitung in der richtigen Reihenfolge auf! Ersetze dabei die Bilder durch Namenwörter und ihre Begleiter!
4. Bringt Rezepte für Weihnachtsgebäck mit!
   Was mögt ihr am liebsten?
   Tauscht die Rezepte, hängt sie an die Pinnwand, backt in der Klasse,…

B Wir stechen aus

Ich: ein Herz, einen Engel;
du: einen Schlitten, einen Fisch;
Lisa: einen Mond, einen Nikolaus;
Kevin: einen Stern, einen Apfel.

5. Schreibe so:
   Ich steche ein Herz aus. Du …
6. Es gibt noch andere Formen, die du ausstechen kannst.
   Schreibe weitere Sätze auf!

stechen   stichst   sticht   stecht

Weihnachten

auswendig lernen; vortragen

Weihnacht

Christkind ist da,
sangen die Engel im Kreise
über der Krippe
immerzu.

Der Esel sagt leise:
I-a
und der Ochse sein Muh.

Der Herr der Welten
ließ alles gelten.
Es dürfen auch nahen
ich und du.

Josef Guggenmos

Das Eselchen

Es war einmal ein E-,
es war einmal ein -sel,
es war einmal ein Eselchen,
das ging nicht von der Stell.

Du willst nicht heim? O Eselchen,
ich sag dir was, gib Acht:
Es kommt zu dir in deinen Stall
das Christkind heute Nacht!

Da blieb es nicht mehr, wo es stand,
da ging es von der Stell.
Da lief es heim, das Eselchen,
wie ein Wieselchen, so schnell!

Josef Guggenmos

Kannst du das lesen?

LEISE RIESELT DER SCHNEE

A Weihnachtsgedichte

1. Lerne eines der Gedichte auswendig!
2. Wer trägt das Gedicht vom Eselchen so vor, dass man hört, wie der Esel nicht von der Stelle gehen will?
3. Suche dir eines der beiden Gedichte aus! Schreibe es als Weihnachtsgruß auf eine Briefkarte!
Die Namenwörter kannst du mit passenden Farben schreiben (Engel: gelb, Esel: grau, …).
Du kannst auch alle i durch eine brennende Kerze ersetzen.

seine Meinung sagen; Plakat

A Nicht nur an Weihnachten

Was ist besser als fernsehen?
Diese Frage haben wir Kindern gestellt.

Hier sind die Antworten:
Uta: „Ich gehe viel lieber schwimmen."
Daniel: „Tischtennis spielen."
Mirko: „Kassetten hören."
Susanne: „Mensch-ärgere-dich-nicht
mit meinen Eltern spielen,
das finde ich besser."

1. Euch fällt bestimmt noch mehr ein.
   Erzählt!

B Bücher sind gut, weil man ...

...über sie weinen kann

...über sie nachdenken kann

...etwas mit ihnen erreichen kann

...sie ausleihen kann

2. Was geben uns Bücher:
   Spaß, Spannung, ...?
   Sammelt Vorschläge!
   Schreibt und malt!
   Stellt eure Arbeiten aus!
3. Ihr könnt auch gemeinsam
   ein großes Plakat gestalten.
4. Wer stellt sein Lieblingsbuch vor?

Winter

Endungen des Tuworts; Namenwörter; Diktat

A Zusammenbauen

ich, du, er, sie

bau, eil, stell, treib, komm

e, t, st

1. Baue die Schneekugeln zusammen!
   Schreibe so auf:
   Ich baue, du …
2. Setze diese Wörter mit dem Wort Schnee zusammen:
   Mann, Brille, Sturm, Ball, Anzug, Fall, Flocke, Pflug, Besen.
   Schreibe so:
   der Schneemann, …
3. Denke dir eine Geschichte mit Wörtern aus Aufgabe 2 aus!

B Der Schneemann

„Lieber Schneemann", sagte Lisa leise.
Aber der Schneemann auf der Wiese
hörte sie nicht.
„Schneemann", schrie der Rabe.
Aber der Schneemann hörte nicht auf den Vogel.
Dann schien die Sonne warm vom Himmel.
Und gleich lief der Schneemann weg.

4. Lies die Geschichte!
5. Schreibe die Wörter mit **ie** heraus!
6. Kennzeichne die **ie**:
   L⟨ie⟩ber …
7. Diktiere den Text deinem Partner!

ie und ei; Diktat

A Ein Rätsel

Solche Wörter liebt die L**ie**se:
Spiel, viel, liest und Wiese,
sie, Knie, Tier und fliegen,
Dienstag, wie, vier und siegen.

Mit solchen Wörtern reimt der H**ei**ner:
bei, einfach, greifen, hinein, fein und keiner,
leider, Reihe, reisen, Seite, mein, nein und weiß,
ihr seid, teilen, seinem, klein und heiß.

1. Worauf achtet Liese?
   Worauf achtet Heiner?
2. Schreibe die Wörter für Liese und Heiner
   in dein Heft!
   L**ie**se: Sp**ie**l, v**ie**l, …
   H**ei**ner: b**ei**, **ei**nfach, …
3. Zu wem gehören diese Wörter?
   Schreibe sie zu Liese oder Heiner:
   Brief, kein, dein, lieben, scheinen, sieben,
   schreien, sein, nie, spielen, weil, Teil, zeigt,
   tief, Tier, seinen, viele, seit, hier, Freitag, fliegt.
4. Kreise alle **ei** blau ein, setze alle **ie** in ein
   rotes Warndreieck!

B Diktat: Vorher Lernwörter üben (wie S. 11)!

Zeitvertreib
Lisa und Kevin müssen auf den Bus warten.
Sie bewerfen sich mit Schneebällen.
Einer fliegt nahe an Kevins Kopf vorbei.
Da meint ein alter Herr: „Hör lieber auf,
damit du ihn nicht im Gesicht triffst!"

alt	Kopf
fliegen	meinen
fliegt	meint
Gesicht	nahe
Herr	Schnee
hören	Zeit

Winter

Wiewörter für Dinge

> Der Häuptling hat eine Feder und einen Gürtel. Er trägt eine Jacke und eine Hose.

A Die lustigste Jahreszeit

Im Fasching spielen die Kinder Indianer und Cowboy. Der Indianerhäuptling ist entflohen. Jim schickt seine Freunde auf die Suche.

1. Warum finden die Cowboys nicht gleich den richtigen Häuptling?
2. Beschreibe genau, wie der gesuchte Häuptling aussieht:
   Der Häuptling hat eine lange Feder und ...
3. Unterstreiche die Wiewörter!

B Verkleidungen

Diese Sachen haben die Kinder zum Verkleiden gefunden:
einen Hut, eine Jacke, Schuhe, einen Bart, einen Schnuller und eine Perücke.

4. Ordne richtig zu, wie die Sachen sind:
   breit, gestreift, hoch, rot, lang, groß.
   Schreibe so:
   Der Hut ist breit.
5. Was gehört zusammen?

alt	–	Teufel
lustig	–	Hexe
weiß	–	Prinzessin
lang	–	Kasper
böse	–	Gespenst
schön	–	Feder
spitz	–	Messer

   Schreibe so: *der böse Teufel, ...*
6. Schreibt Wiewörter so, dass man schon an der Schrift ihre Bedeutung erkennt:

   spitz   fett   blau

Wiewörter sagen uns, wie **Dinge** sind.
Wiewörter schreiben wir **klein.**

Wortarten unterscheiden: Wiewort, Namenwort; Diktat

A Was passt zusammen?

1. Schreibe so auf:
   der schnelle Rennwagen, ...
2. Unterstreiche die Wiewörter!

scharf, leicht, schnell, falsch, offen, heiß, nass, alt

B Wiewort oder Namenwort?

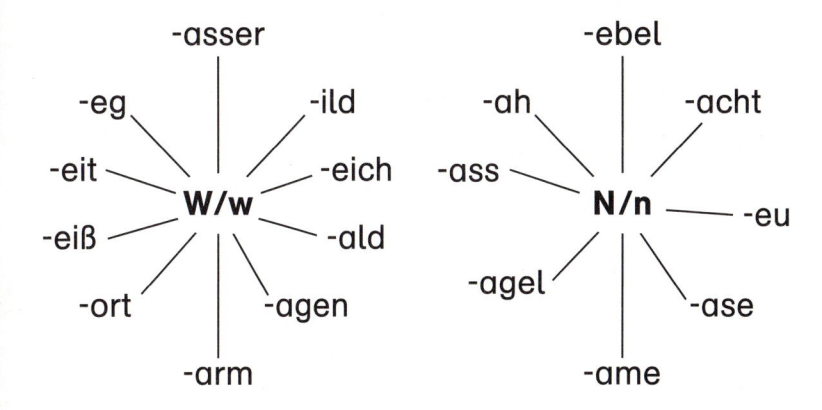

W/w: -asser, -eg, -ild, -eit, -eich, -eiß, -ald, -ort, -agen, -arm

N/n: -ebel, -ah, -acht, -ass, -eu, -agel, -ase, -ame

3. Ergänze die Wortteile! Gib Acht!
   Bei manchen gibt es mehrere Möglichkeiten.
4. Ordne dann so:

Wiewörter	Namenwörter
warm	die Nacht

C Diktat: Vorher Lernwörter üben (wie S. 11)!

Im Winter
Die Sonne scheint hell am klaren Himmel.
Es ist ein schöner Tag. Julia zeichnet
ein Bild für die Schule. Sie fragt ihre Mutter:
„Was kann man im Schnee alles spielen?
Ich treffe mich gleich mit Tim."

hell — schön
Himmel — Sonne
mich — Tag
scheinen — was
scheint

Frühling

Wörter bilden; zusammengesetzte Namenwörter

A Die Kinder der Klasse 2 b erzählen über Ostern:

- Ich freue mich auf die Osterferien.
- Bei uns gibt es Lamm am Ostersonntag.
- Wir bemalen unsere Ostereier.
- Wenn das Wetter gut ist, machen wir einen Osterspaziergang.

1. Wie ist das bei euch? Erzählt!
2. Fragt eure Eltern, wie die Osterzeit früher war!

B Osterei, Osterhase …

Diese Wörter sind aus zwei Namenwörtern zusammengesetzt:

das Osterei, der Osterhase, der Osterschmuck, die Osterglocke, der Ostersonntag, der Ostermontag, das Osternest, die Osterkerze, der Osterspaziergang.

3. Schreibe die Wörter ab! Teile dabei die beiden Wörter! So:
   Osterei – Ostern und Ei, …
4. Welche „Oster-Wörter" kennst du noch? Schreibe sie auf!
5. Aus wie vielen Namenwörtern sind diese Wörter zusammengesetzt?
   Osterhasenohr, Osterurlaubsgruß, Osterblumenstrauß, Ostereiergartensuchspiel, Osterregenwetter
6. Bilde auch so lange Wörter!

Wir setzen **Namenwörter** zusammen und drücken so etwas kürzer aus:
Osterei
statt Ei für Ostern.
Wir setzen **Namenwörter** zusammen und sagen so etwas genauer:
eine Osterkerze
statt (irgend) eine Kerze.

ei; ie

A Es war einmal ein Ei ...

Es war einmal ein Ei.
Das war nicht gern allein.
So legte Mutter Huhn
schnell noch zwei Eier.
Da waren es dann drei.
Der kleine Heiner fand
sie. Und dann?
(Es war gerade Ostern!)

1. Lies die Geschichte!
   Was könnte den drei Eiern passiert sein?
   Erzähle!
2. Schreibe ab, setze für 🥚 ei und für 🥚 Ei ein!
   Schreibe das Ende der Geschichte dazu!
3. Gestalte ein Schmuckblatt!
4. Suche in der Wörterliste (ab S. 107) noch
   zehn Wörter mit ei: Schreibe sie ab!

B Vorsicht bei ei und ie !

Wiese, lieben, sieben, nie, weinen, Brief, klein,
Preis, fliegt, tief, viel, wie, weich, vier, zwei, lief,
bei, einfach, Seite, Zeit, hier, zeigen, sein, gleich,
weil, arbeiten, hinein, meine, nein, ziehen, weiß

5. Schreibe die Wörter in dein Heft!
   Kreise ei blau ein und setze ie in ein rotes
   Warndreieck.
   w(ei)nen, W/ie\se, ...
6. Lege in deinem Heft eine Tabelle an! Trage
   die Wörter ein, setze dabei ie oder ei ein:
   Z_t, t_f, v_l, kl_n, n_n, fl_gt, w_ß, n_, Br_f,
   zw_, S_te, s_n, b_, w_, w_l, arb_ten, m_nem,
   v_r, s_ben.
7. Suche noch fünf Wörter mit ei!

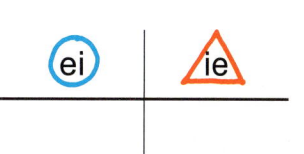

ei	ie

Sommer

Namenwörter; Betonung; Artikulation; au

AUGUST, AUGUSTUS UND AUGUSTINE FAHREN IM AUGUST ZU VETTER AUGUSTIN AUFS LAND, DENN IM AUGUST FINDEN ES AUGUST, AUGUSTUS UND AUGUSTINE SCHÖN.

A Im August

1. Wie viele Wörter mit Au/au sind auf dem Bild?
2. Schreibe den Satz auf dem Bild ab!
   Achte auf die Groß- und Kleinschreibung!

B Au**gust** oder **Au**gust

       Hast du gewusst,
dass **Au**gust im Au**gust**
       spät aufsteht,
       Daumen dreht,
       baden geht?
Denn im Au**gust** hat **Au**gust
       Ferien!   *Ruth Ruzicka*

3. Lies und betone dabei genau!

au – äu

A Au, hier fehlen Wörter mit au!

In der Baumschule stehen viele Bäume dicht nebeneinander. Wer einen ___ ___ will, ___ ihn ___ an, ob er ___ gut gewachsen ist. Aber Vorsicht! Bäume darf man im ___ nicht umpflanzen. Findest du ___, wann es geht?

1. Diese Wörter fehlen: heraus, August, auch, genau, schaut, kaufen, Baum.
   Ergänze und schreibe den ganzen Text auf!
2. Kreise **au** ein: Baum, kaufen, ...

Wie heißt die Mehrzahl von Baum? Wald

Aus **au** wird oft **äu**.
äu kommt von **au**.

B Einzahl au, Mehrzahl äu

der Baum – die Bäume   der Bauch – die Bäuche
der Traum – die ___   der Schlauch – die ___
die Maus – die ___   der Brauch – die ___

3. Ergänze die Wörter! Schreibe sie in dein Heft!
4. Suche Reimwörter! Schreibe sie auf:
   auch – B... – Str... – R...   Bäume – Sch...
   kaum – B... – Tr...   Bräuche – B...

C Findest du die verwandten Wörter?

laufen	Gebäude	Raum	häuten
kaufen	Käufer	Laut	räumen
bauen	Räuber	Haut	einzäunen
rauben	Läufer	Zaun	läuten

5. Zu jedem Tuwort passt ein Namenwort.
   Schreibe so auf: laufen – Läufer, ...
6. Maus – ...   Bäumchen – ...
   Haus – ...   Schäumchen – ...
   Laus – ...   Träumchen – ...
   Schreibe die Wortpaare auf:
   die Maus – das Mäuschen ...

Grammatik

Übersicht 2. Schuljahr

Wir sprechen und schreiben in Sätzen. Sätze haben Namen.

Im Buch auf Seite:

Das ist ein **Aussagesatz**: Wir sind auf einen Berg gestiegen. Nach jedem Aussagesatz steht ein **Punkt**.	.

12, 21, 40, 46, 55, 66, 67, 74, 80, 82, 83, 86, 90, 91, 95

Das ist ein **Fragesatz**: Wie alt ist der Hase? Nach jedem Fragesatz steht ein **Fragezeichen**.	?

49, 78, 79

Das ist ein **Befehlssatz**: Komm her! Nach Befehlssätzen steht ein **Ausrufezeichen**.	!

32, 48, 55, 56, 57

Das **erste Wort** im Satz wird immer **großgeschrieben**.
Heute ist das Wetter schön.

26, 27

In einem Satz sind verschiedene Wörter. Wörter haben Namen.

Es gibt **Namen** und **Namenwörter** für **Menschen, Tiere, Pflanzen** und **Dinge**.
Frau   Pferd   Rose   Ball

4, 12, 13, 21, 24, 25, 50, 62, 63, 64, 68, 75, 80, 81, 82, 83, 101, 102, 103

Namenwörter haben **Begleiter: der, die, das, ein, eine.**
der Vater, die Puppe, das Pferd, ein Kind, eine Hose

30, 31

Namenwörter sagen auch, ob es nur **ein** Mensch, **ein** Tier, **ein** Ding ist oder ob es **mehrere** sind:
Einzahl – **Mehrzahl**
der Freund – die Freunde
ein Brief – viele Briefe

14, 42

Tuwörter sagen, was Menschen, Tiere, Pflanzen und Dinge **tun**.
Menschen essen, Tiere fressen, Pflanzen welken, Dinge fallen.

5, 33, 34, 45, 46, 50, 61, 72, 79, 80, 82, 86, 98

Wiewörter sagen, **wie** Menschen, Tiere, Pflanzen und Dinge **sind**.
lustige Menschen, wilde Tiere, grüne Pflanzen, harte Mauern

6, 36, 37, 60, 61, 64, 73, 91, 100, 101

Wörterliste 2. Schuljahr

Die Grundwortschatzwörter der 2. Jahrgangsstufe sind **fett** gedruckt.

A, a

ab
am Abend
aber
acht
alle
alt
am
an
antworten
Apfel, der
    Äpfel, die
im April
arbeiten
Arm, der
Ast, der
    Äste, die
auch
auf
Auge, das
im August
aus
Auto, das

B, b

Ball, der
    Bälle, die
bauen
Baum, der
    Bäume, die
bei
Bein, das
bekommen
    bekommt
bellen
Berg, der
Bild, das
ich bin
Birne, die
bis
du bist
bitten
Blatt, das
    Blätter, die
blau
bleiben
    bleibst
    bleibt
Blume, die
böse
brauchen
    brauchst
    braucht
braun
brennen
Brief, der
bringen
    bringt
Brot, das
Buch, das
    Bücher, die
Bus, der
    Busse, die

C, c

– –

D, d

da
dafür
danken
dann
das
dein
dem
den
denken
    denkst
    denkt
der
im Dezember
dich
die
am Dienstag
dir
doch
am Donnerstag
Dorf, das
dort
drei
du
dunkel
dürfen
    darf

Welche Wörter von dieser Seite passen in diesen Wortrahmen?
als, …

E, e

Ei, das
    Eier, die
ein
    einem
    einen
einfach
einmal
eins
elf
am Ende
    endlich
eng
er
Erde, die
erklären
erlaubt
erst
    erste
erzählen
    erzählt
es
essen
    isst

Wörterliste 2. Schuljahr

F, f

fallen
   fällt
falsch
Familie, die
fangen
   fängt
fassen
   fasst, er fasst
im Februar
fehlen
Fehler, der
fein
Feld, das
Fenster, das
fernsehen
   Fernseher, der
fest
Fest, das
Feuer, das
finden
Finger, der
fliegen
   fliegt
Floh, der
   Flöhe, die
folgen
fort
fragen
   fragst
   fragt
Frau, die
am Freitag
fremd

sich **freuen**
Freund, der
Freundin, die
   Freundinnen, die
frisch
fünf
für
Fuß, der
   Füße, die

Schreibe alle Wörter mit langem, betontem Selbstlaut von dieser Seite auf: fliegen, ...

G, g

geben
   gibt
gehen
   geht
gelb
gern
Gesicht, das
gestern
   gestern Abend
gesund
Glas, das
   Gläser, die
gleich
Glück, das
   glücklich

Gras, das
greifen
   greift
groß
grün
gut

H, h

Haare, die
haben
   hast
   hat
halten
   hältst
   hält
Hand, die
   Hände, die
hart
Haus, das
   Häuser, die
heben
   hebt
heiß
helfen
   hilft
hell
her
Herr, der
heute
   heute Abend
hier
Himmel, der
hin

hinaus
hinein
hoch
hoffentlich
hören
   hört
Hose, die
Hund, der

I, i

ich
ihm
ihn
   ihnen
ihr
   ihrem
   ihren
im
in
innen
sie **ist**

J, j

ja
Jahr, das
im Januar
jeder
im Juli
jung
Junge, der
im Juni

K, k

kalt
Kasse, die
Katze, die
kaufen
  kaufst
  kauft
kein
  keinem
  keinen
kennen
  kennst
  kennt
Kind, das
Kino, das
klar
Klasse, die
klein
kommen
  komm
  kommt
können
  kann
  kannst
Kopf, der
kosten
krank
Kuchen, der
kurz

L, l

lachen
lang
langsam
lassen
  lass
  lasst
  lässt
laufen
  läuft
leer
legen
leicht
leider
lernen
lesen
  liest
Licht, das
lieben
  liebt
Löwe, der
los
Luft, die

Sprich deutlich und schreibe dann von Seite 108 und Seite 109 je zehn Wörter mit g oder k am Wortanfang auf: ganz, …

M, m

machen
Mädchen, das
im Mai
malen
Mann, der
  Männer, die
Mantel, der
Mark, die
im März
Meer, das
mein
  meinem
  meinen
Menge, die
messen
  misst
Messer, das
Meter, der
mich
mir
mit
Mitte, die
am Mittwoch
möchte
mögen
  mag

Monat, der
Mond, der
am Montag
am Morgen
  morgen
Müll, der
Mund, der
müssen
  muss
Mutter, die

N, n

nach
Nacht, die
nah
Name, der
Nase, die
nass
  nasse
nehmen
  nimmt
nein
nennen
  nennt
neu
neun
nicht
  nichts
nie
noch
im November
nun
nur

Wörterliste 2. Schuljahr

O, o

oder
offen
oft
Ohr, das
im Oktober
Ort, der

P, p

Papier, das
passen
    passt
Pferd, das
Platz, der
Preis, der
Puppe, die

Q, q

– –

R, r

Rad, das
    Räder, die
raten
rechnen
reden
Regen, der
    regnen
    es regnet

reich
Reihe, die
reisen
    reist
Ring, der
Roller, der
rot
Rücken, der
rufen

S, s

Sachen, die
sagen
    sagst
    sagt
am Samstag
Sand, der
Satz, der
scharf
schauen
    schaut
scheinen
Schiff, das
schlafen
    schläft

schlagen
    schlägt
schlecht
Schnee, der
schnell
schon
schön
schreiben
    schreibt
schreien
Schule, die
    Schularbeit, die
    Schulbus, der
    Schüler, der
    Schülerin, die
Schwanz, der
schwarz
sechs
sehen
    siehst
    sieht
sehr
ihr seid
sein
    seinem
    seinen
seit
Seite, die

selten
im September
sich
sicher
sie
sieben
sind
singen
    singt
sitzen
    sitzt
so
sollen
soll
sollst
am Sonnabend
Sonne, die
am Sonntag
Spiel, das
    spielen
sprechen
    spricht
stehen
    steht
steigen
Stein, der
Stelle, die
stellen
    stellt
Stern, der
still
Stoff, der
stolz
Stunde, die
suchen

> Schreibe die Wörter mit <u>st</u> und <u>sp</u> von dieser Seite auf: *spielen*, …

> Schreibe alle Wörter mit <u>tz</u> von dieser Seite auf: *Platz*, …

T, t

Tafel, die
Tag, der
Tante, die
ein Teil
   teilen
Teller, der
tief
Tier, das
Tisch, der
tragen
   trägt
treffen
   triffst
   trifft
treten
   tritt
trocken
tun
   tut
Tür, die

U, u

üben
Uhr, die
   zwölf Uhr
um
und
uns
   unser

V, v

Vater, der
verkaufen
verstehen
   versteht
viel
   viele
vier
Vogel, der
   Vögel, die
vom
von
vor

Schreibe alle Tuwörter von dieser Seite auf: tragen, …

W, w

Wagen, der
Wald, der
warm
warten
warum
was
Wasser, das
Wecker, der
weg
Weg, der
weich
weil
weinen
weiß
weit
wem
wen
wer
werden
   wirst
   wird
werfen
   wirft
wie
Wiese, die
Wind, der
wir
wissen
   weiß
wo
Woche, die
wohnen
   Wohnung, die
wollen
   will
   willst
Wort, das
   Wörter, die
wünschen

X, x

– –

Y, y

– –

Schreibe alle Wörter mit Umlauten von dieser Seite auf: Tür, …

Z, z

zahlen
zählen
zehn
zeichnen
   zeichnet
zeigen
   zeigt
Zeit, die
ziehen
   zieht
Zimmer, das
zu
Zug, der
   Züge, die
zum
zur
zwei
zwölf

Inhalt	Erzählen, Geschichten schreiben	sich informieren, sachbezogen verständigen
Rate mal, es ist nicht schwer S. 4 – 11	nach Vorgaben erzählen: 4, 5, 6, 7, 9; Geschichten erfinden: 9	
Wir mögen Tiere S. 12 – 19	Geschichten erfinden: 12; Erlebnisse erzählen: 14; nach Vorgaben erzählen: 14, 15	Informationen weitergeben: 12; sich Informationen beschaffen: 18
Auf der Straße S. 20 – 27	nach Vorgaben erzählen: 22, 23, 24; Geschichten erfinden: 24	Information auswerten, weitergeben: 20, 21, 22, 23, 24
In der Schule S. 28 – 35	auf Erzählungen/Geschichten reagieren: 28; nach Vorgaben erzählen: 32, 33; von Erlebnissen erzählen: 33	Gesprächsregeln: 28; sich auseinandersetzen: 28, 29; Informationen weitergeben: 28; Informationen auswerten: 29
Zu Hause S. 36 – 45	von Erlebnissen erzählen: 37, 39; Geschichten erfinden: 37, 41; Briefe schreiben: 38; nach Vorgaben erzählen: 40	Information auswerten: 38; Informationen weitergeben: 38; sich Informationen beschaffen: 38, 39; sich auseinandersetzen: 39
Dein Körper S. 46 – 53	von Erlebnissen erzählen: 48; nach Vorgaben erzählen: 48	sich Informationen beschaffen: 46, 47, 48, 49; Information auswerten: 46, 47, 48, 49; Informationen weitergeben: 46, 47, 48
Umweltschutz macht Spaß S. 54 – 59	nach Vorgaben erzählen: 54, 55; Geschichten erfinden: 54	sich auseinandersetzen: 54, 56, 57; Informationen beschaffen: 55, 57; Information auswerten: 55, 56, 57; Informationen weitergeben: 55, 56, 57
Was wächst denn da? S. 60 – 65	Tagebuch: 61	Informationen weitergeben: 60, 61; sich Informationen beschaffen: 61; Information auswerten: 61, 62, 63
Wir basteln, lesen und spielen S. 66 – 75	nach Vorgaben erzählen: 69, 70; Geschichten erfinden: 71	sich Informationen beschaffen: 66, 67; Information auswerten: 66, 67; Informationen weitergeben: 66, 67; sich auseinandersetzen: 67
Zirkus, Zirkus S. 76 – 81	nach Vorgaben erzählen: 76, 77; Geschichten erfinden: 76, 77; von Erlebnissen erzählen: 78	sich Informationen beschaffen: 78, 79; gezielt Fragen stellen: 78, 79; Information auswerten: 78, 79; Informationen weitergeben: 78
Von der Zeit S. 82 – 89	nach Vorgaben erzählen: 82, 84, 85; Tagebuch: 85	sich Informationen beschaffen: 83; Informationen weitergeben: 82, 83; Information auswerten: 82, 83, 84, 85
Jahreszeiten S. 90 – 105	nach Vorgaben erzählen: 90, 92, 93, 94; Geschichten erfinden: 90, 98; Wunschzettel: 94; auf Erzählungen reagieren: 94, 97, 102; Brief: 96; von Erlebnissen erzählen: 102	Informationen weitergeben: 91, 95; Information auswerten: 93, 95